Baedekers

BERLIN-ZEHLENDORF

STERNCHEN (*)
als Mittel zur Hervorhebung bedeutender Bau- und Kunstwerke,
Naturschönheiten, Aussichten
oder auch besonders guter Hotels und Restaurants
hat Karl Baedeker im Jahre 1844 eingeführt;
sie werden auch hier verwendet.
Besonders Beachtenswertes ist durch ein Sternchen (*),
in seltenen Fällen auch durch zwei Sterne (**) gekennzeichnet.

Druck: Druckhaus Langenscheidt, Berlin-Schöneberg
Printed in Germany
ISBN 3-87954-084-5

Baedekers
BERLIN-ZEHLENDORF

BEZIRKSFÜHRER
VON
KARL BAEDEKER

Mit 6 Karten und Plänen
und 9 Zeichnungen

KARL BAEDEKER
FREIBURG

Als Paul Kunzendorf 1906 seine dickleibige Chronik über Zehlendorf veröffentlichte, faßte er in wenigen Worten zusammen, was ihn bewogen hatte, sich in diesem Vorwort Berlins anzusiedeln: „Berlin in der Nähe, täglich leicht zu erreichen, und nach getaner Arbeit die Ruhe auf dem Lande . . . Ich glaube, es wird sich hier friedlich und gemütlich leben lassen."
Seither hat sich manches verändert. Seit 1920 ist Zehlendorf ein Bezirk Berlins, und viele landwirtschaftlich genutzte Flächen sind heute bewohnt oder haben sich in Park- und Grünanlagen verwandelt.
Zehlendorf ist aber eine bevorzugte Wohngegend geblieben, und seine Gewässer, die Wald- und Grünflächen sind Erholungsgebiete für alle Berliner geworden. Auch Besucher von auswärts erfreuen sich an den landschaftlichen Reizen und an den Sehenswürdigkeiten des „Grünen Bezirks". Der Baedeker-Bezirksführer Berlin-Zehlendorf soll hier eine Hilfe sein und es dem Leser ermöglichen, sich bei uns schnell zurechtzufinden und die Entdeckungsreise durch den Bezirk gut vorbereitet anzutreten.

Jürgen Klemann
Bezirksbürgermeister

VORWORT

„Auf halbem Weg zwischen Potsdam und Berlin ist Zehlendorf", hieß es lapidar vor über 140 Jahren in Baedekers „Handbuch für Reisende in Deutschland". Aber schon hier wurde in 24 Zeilen als besondere Sehenswürdigkeit die Pfaueninsel beschrieben, „von Friedrich Wilhelm III. zu einem der anmuthigsten Parke umgeschaffen." Der dann 1880 neu geschaffenen Band „Berlin und Umgebung" schildert darüber hinaus ausführlich auch Schloß und Park Kleinglienicke samt der sie umgebenden Landschaft. Park, Erholungsgebiet, „grüne Lunge" für Millionen ist Zehlendorf heute, doch auch seit fast 70 Jahren Stadtteil und Bezirk der Weltstadt Berlin. Dieser gewachsenen Bedeutung trägt der Verlag gern Rechnung und legt einen Sonderband „Berlin-Zehlendorf" vor.

Den Text verfaßte *Dr. Sabine Bohle-Heintzenberg*. Die Vignetten, die den Text begleiten, zeichneten *Elke Baedeker* und *Katja Ungerer.* Das Ingenieurbüro *Christoph Gallus* in Lahr bearbeitete die Sonderpläne und Grundrisse. Die Stadtpläne sind Ausschnitte aus der Übersichtskarte von Berlin (West) 1:50000, Ausgabe 1980, vervielfältigt mit freundlicher Erlaubnis des Senators für Bau- und Wohnungswesen – V – vom 11. April 1983.

Besonderen Dank schulden wir dem Bürgermeister *Jürgen Klemann,* der an einem Baedeker für Zehlendorf besonders interessiert war und ihm hilfreiche Förderung zuteil werden ließ. Gedankt sei auch dem Leiter der Pressestelle des Bezirksamtes, *Dr. Dieter Schütte,* für seine außerordentlich wertvolle Mithilfe bei der Redaktionsarbeit.

Buchstäbliche Genauigkeit ist in einem Buch, das über so viele sich wandelnde Dinge Auskunft zu geben hat, nicht immer zu erreichen. Berichtigungen und Anregungen sind dem Verlag stets willkommen.

Freiburg im Breisgau *Karl Baedeker Verlag*

INHALT

PRAKTISCHE ANGABEN

GESCHICHTE UND GEGENWART

BEZIRKSBESCHREIBUNG

KARTEN UND PLÄNE

PRAKTISCHE ANGABEN

Auskunft

Verkehrsamt Berlin, Bln 12, im Europa Center, Budapester Str., Tel. 2626031, tgl. 7.30–22.30 Uhr; außerdem am Flughafen Tegel, Tel. 41013145, tgl. 8–22.30 Uhr und am Grenzkontrollpunkt Dreilinden, Tel. 8039057, tgl. 8–23 Uhr.
Informationszentrum Berlin, Bln 12, Hardenbergstr. 20, Tel. 310040.
Pressestelle des Bezirksamtes Zehlendorf, Bln 37, Kirchstr. 1–3, Tel. 8072443.

Bücher und Karten

Engel, Geschichte Dahlems, 1984; *Melms,* Chronik von Dahlem I, 1217–1945, 1982; *Weber,* Chronik von Dahlem II, 1945–1981, 1982; *v. Müller,* Museumsdorf Düppel, 1986; *Schneider/Schwerk,* Zehlendorf – Ein Bezirk in Berlin, 1983; *Trumpa,* Zehlendorf gestern und heute, 1983; *Wetzel,* Geschichte der Berliner Verwaltungsbezirke. Zehlendorf, 1987; *Wiegand/v. Kroszigk,* Glienicke, 1984; *Wille,* 43 Spaziergänge in Zehlendorf und Wilmersdorf; *Wolff,* Wannsee und Umgebung, 1985.
Karten: Vermessungsamt, Verwaltungsbezirk Zehlendorf 1:20000; Grunewald-Pfaueninsel 1:25000; Berliner Gewässer 1:15000; Grunewald-Düppel-Volkspark Kleinglienicke 1:15000; Geomorphologische Karte Berlin-Zehlendorf 1:25000.

Essen und Trinken

Restaurants: *Alte Fischerhütte am Schlachtenssee,* Fischerhüttenstr. 136, Bln 38; *Alter Krug Zehlendorf,* Potsdamer Str. 3, Bln 37; *Alter Krug Dahlem,* Königin-Luise-Str. 52, Bln 33; *Am Waldhaus,* Am Waldhaus 2a, Bln 38; *Blockhaus Nikolskoe,* Nikolskoer Weg, Bln 39; *Da Franca,* Spanische Allee 72, Bln 38; *An der Rehwiese,* Matterhornstr. 161, Bln 38; *Eierkuchen,* Riemeisterstr. 129, Bln 37; *Haus am Markt,* Clayallee 347b, Bln 37; *Haus Leopold,* Fischerhüttenstr. 13, Bln 37; *Haus Sanssouci,* Am Großen Wannsee 60, Bln 39; *Jägerhütte,* Prinz-Friedrich-Leopold-Str. 1, Bln 38; *Kleeblatt,* Teltower Damm 188, Bln 37; *Raststätte Grunewald,* Kronprinzessinnenweg 120, Bln 38; *Ratskeller Zehlendorf,* Martin-Buber-Str. 9, Bln 37; *Restaurant Schloß Glienicke,* Königstraße, Bln 39; *Schäferberg,* Königstr. 25–27, Bln 39; *Seehase,* Am Großen Wannsee 58, Bln 39;

Siphon, Neue Str. 25, Bln 37; *Wannsee-Klause,* Königstr. 24, Bln 39; *Wannsee-Terrassen,* Wannseebadweg, Bln 38; *Wirtshaus Moorlake,* Pfaueninselchaussee 2, Bln 39; *Zehlendorfer Molle,* Potsdamer Str. 33, Bln 37; *Zehlendorfer Tönnchen,* Clayallee 327, Bln 37; *Zum Störtebeker,* Potsdamer Chaussee 36, Bln 38. Asiatische Küche: *BON-SEN,* Teltower Damm 46–48, Bln 37; *Rice Bowl,* Clayallee 336, Bln 37.

Böhmische Küche: *Schwalbennest,* Lindenthaler Allee 46, Bln 37.

Italienische Küche: *Paladino,* Fischerhüttenstr. 67, Bln 37; *Cristallo,* Teltower Damm 52, Bln 37.

Jugoslawische Küche: *Kod Josipa,* Wasgenstr. 55, Bln 38; *Ujak* Tom, Onkel-Tom-Str. 2, Bln 37.

Ausflugslokale: *Chalêt Suisse,* Königin-Luise-Str./Im Jagen 5, Bln 33; *Forsthaus Paulsborn,* Hüttenweg, Bln 33; *Lindwerder,* Havelchaussee, Bln 33; *Wannsee-Terrassen,* Wannseebadweg, Bln 38; *Loretta am Wannsee,* Kronprinzessinnenweg 26, Bln 39; *Wirtshaus zur Pfaueninsel,* Pfaueninselchaussee, Bln 39; *Blockhaus Nikolskoe,* Nikolskoer Weg, Bln 39; *Pavillon Stölpchensee,* Kohlhasenbrücker Straße, Bln 39; *St. Hubertusbaude,* Stölpchenweg 68, Bln 39; *Forsthaus an der Hubertusbrücke,* Stölpchenweg 43–45, Bln 39.

Cafés: *Anneliese,* Teltower Damm 41, Bln 37; *Funke,* Martin-Buber-Str. 18, Bln 37; *Gartencafé Rodelhütte,* Onkel-Tom-Str. 176, Bln 37; *Krone,* Argentinische Allee 2, Bln 37; *Café Bistro Tableau,* Teltower Damm 26, Bln 37.

Galerien

Galerie Dahlem Dorf, Königin-Luise-Str. 48, Bln 33, Tel. 8324560, Di–Fr 11–13, 16–18.30 Uhr. *Galerie Wannsee Verlag,* Grüner Weg 29, Bln 39, Tel 8051078, Mi, Sa und So 16–18 Uhr. *Haus am Waldsee,* Argentinische Allee 30, Bln 37, Tel. 8018935, tägl. außer Di 10–18 Uhr. *Galerie Musikschule Zehlendorf,* Martin-Buber-Str. 21, Bln 37, Tel 8072007. *Galerie Vernis mou,* Ladenbergstr. 4, Bln 37, Tel. 8314113, tgl. 10–22, Sa 19–22 Uhr.

Notdienste

Notruf (Polizei) Tel. 110; Notruf (Notarzt, Feuerwehr) Tel. 112; Ärztlicher Notdienst Tel. 31 00 31; Apothekennotdienst, Auskunft Tel. 11 41; ADAC–Stadtpannendienst Tel. 1 92 11

Öffnungszeiten

(SMPK = Staatliche Museen Preußischer Kulturbesitz)
Brücke Museum (S. 40), Bussardsteig 9, Bln 33 , tgl. außer Di 11–17 Uhr
Geheimes Staatsarchiv SMPK (S. 22), Archivstr. 12–14, Bln 33, Mo, Mi, Do, Fr 8–15.30, Di 8–19.30 Uhr
Gemäldegalerie SMPK (S. 26), Arnimallee 23/27, Bln 33,tgl. außer Mo 9–17 Uhr
Haus am Waldsee (S. 45), Argentinische Allee 30, Bln 37, tgl. außer Mo 10–18 Uhr
Heimatmuseum Zehlendorf, Clayallee 355, Bln 37, Do 16–18.30 Uhr und nach Vereinbarung
Jagdschloß Grunewald (S. 41), Bln 33, tgl. außer Mo 10–18, im Winter 10–16 Uhr
Kupferstichkabinett SMPK (S. 31), Arnimallee 23–27, Bln 33, Studiensaal Di–Fr 9–16 Uhr; Sonderausstellung tgl. außer Mo 9–17 Uhr
Museum für Deutsche Volkskunde SMPK (S. 23), Im Winkel 6, Bln 33, tgl. außer Mo 9–17 Uhr
Museum für Indische Kunst SMPK (S. 36), Lansstr. 8, Bln 33, tgl. außer Mo 9–17 Uhr
Museum für Islamische Kunst SMPK (S. 37), Lansstr. 8, Bln 33, tgl. außer Mo 9–17 Uhr
Museum für Ostasiatische Kunst SMPK (S. 38), Lansstr. 8, Bln 33, tgl. außer Mo 9–17 Uhr
Museum für Völkerkunde SMPK (S. 34), Lansstr. 8, Bln 33, tgl. außer Mo 9–17 Uhr
Museumsdorf Düppel (S. 48), Clauertstr. 11, Bln 37, Mai–Sept So 10–13 Uhr
Pfaueninsel (S. 59), Bln 39, Insel Mai–August geöffnet von 8–20 Uhr, in den übrigen Monaten verkürzte Öffnungszeiten, Schloß vom 1.4–30.9. tgl. außer Mo 10–17 Uhr
Schloß Kleinglienicke (S. 55), Königstraße, Bln 39, Schloßpark tgl.
Skulpturengalerie SMPK (S. 33), Arnimallee 23–27, Bln 33, tgl. außer Mo 9–17 Uhr

Post

Hauptpostamt Martin-Buber-Str. 23, Bln 37. Durchgehend geöffnet ist das Postamt Bln 120. Im Bahnhof Zoo mit Postsparkassennachtdienst; Briefsendungen mit dem Vermerk ‚hauptpostlagernd' werden hier ausgehändigt.

Die Postleitzahl von Berlin ist 1000, Zehlendorf liegt in den Postbezirken 33, 37, 38 und 39; Telefonvorwahl 030.

Stadtrundfahrten

Durch Zehlendorf führen: Berliner Bären Stadtrundfahrt, Rankestr. 35, Bln 30, Tel. 2 13 40 77
Sebverin und Kühn, Kurfüstendamm 216, Bln 15, Tel. 8 83 10 15
Kultur Kontor Savignyplatz 9–10, Bln 12, Tel. 31 08 88

Unterkunft

Hotels: Wir nennen einige im Bezirk Zehlendorf gelegene Häuser. Die hochgestellte Ziffer hinter dem Namen bezeichnet den Preis eines Einzelzimmers: Hotel[1] = ab DM 65,–, Hotel[2] = ab DM 35,–. Vorbestellung entweder bei dem jeweiligen Hotel direkt oder über das Verkehrsamt Berlin, Bln 30, Europa-Center, Tel. (030) 262 60 31. Hier kann auch das ausführliche Verzeichnis ‚Hotels, Hotelpensionen & Pensionen in Berlin' kostenlos angefordert werden.

Alte Fischerhütte[1], Fischerhüttenstr. 136, Bln 37, Tel. 801 70 92; *Raststätte und Motel Grunewald*[1], Kronprinzessinnenweg 120, Bln 38, Tel. 803 10 11; *Forsthaus an der Hubertusbrücke*[2], Stölpchenweg 43, Bln 39, Tel. 805 30 00.

Hotelpensionen und Pensionen: *Haus Else-Marie*[2], Barnhelmstr. 5, Bln 38 Tel. 803 56 15; *Haus Leopold*[2], Fischerhüttenstr. 113, Bln 37, Tel. 813 29 64; *Haus Simone*[2], Schreberstr. 16, Bln 37, Tel. 811 70 19; *Haus Tannenhöhe*[2], Ulricistr. 31, Bln 39, Tel. 805 15 31.

Campingplätze: Dreilinden, Albrechts Teerofen, Bln 39, Tel. 805 12 01; Kohlhasenbrück, Neue Kreisstraße, Bln 39, Tel. 805 17 37.
Zeltplätze für Gruppen der Jugendorganisatonen: Düppeler Forst, Jagen 95/104, Bln 39, Auskunft Tel. 807 20 33/20 34; Schwanenwerder, Inselstr. 7, Bln 38.

Verkehr

Luftverkehr: Flughafen Tegel
Bundesbahn: Bahnhof Zoologischer Garten, Richtung Hannover und Süden auch Bahnhof Wannsee.
Autobahn: über die Avus und die Stadtautobahn mit den Ausfahrten Zehlendorf, Nikolassee, Hüttenweg.
Stadtverkehr: U-Bahn bis Bhf. Krumme Lanke (U 2), S-Bahn bis Bhf. Wannsee (S 1 und S 3). Zahlreiche Autobuslinien; Hauptkreuzungspunkt der Linien ist Zehlendorf-Mitte, Kreuzung Teltower Damm-Clayallee/Potsdammer Chaussee-Berliner Straße.

GESCHICHTE UND GEGENWART

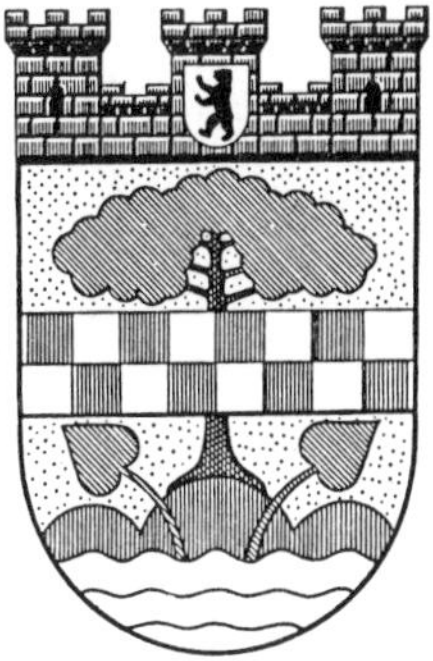

Wappen. Das 1907 erstmals verwendete Bezirkswappen spielt auf die Lage zwischen Wald und Wasser an, der Querbalken erinnert an das Wappen von Lehnin, zu dessen Zisterzienserkloster das Dorf gehörte.

Lage. Der langgestreckte Bezirk Zehlendorf, 10. Verwaltungsbezirk Berlins, wird im Süden und Südwesten vom Stadt- und Landkreis Potsdam, im Norden und Osten von Wilmersdorf und Steglitz begrenzt. Die Westgrenze gegen den Bezirk Spandau verläuft in der Mitte der breiten, buchtenreichen Havel. Die Hauptausfallstraße ist wie in den Bezirken Schöneberg und Steglitz der alte Weg nach Potsdam, der hier unter den Namen Unter den Eichen, Berliner Straße, Potsdamer Straße, Potsdamer Chaussee und Königstraße die verschiedenen Ortsteile durchläuft.

Zehlendorf ist 7058 ha groß. Die Waldfläche nimmt 2391 ha (= 34%), die Wasserfläche 1065 ha (= 15%) ein, seinen Namen, der „Grüne Bezirk", trägt Zehlendorf daher zu Recht; der Anteil an Naherholungsgebieten ist entsprechend hoch. Ein Radwegenetz von mehr als 95 km ermöglicht es, sich den Bezirk auf Fahrradausflügen zu erschließen.

Es läßt sich leicht vorstellen, daß es weniger hohe Mietshäuser als vielmehr Landhäuser und Villen sind, die das Erscheinungsbild des Bezirks prägen. Die Gartenstadtidee konnte schon vor Jahrzehnten in Zehlendorf Wurzel schlagen, und in der neuen Gartenstadt Düppel-Nord zwischen Königsweg im Süden und Potsdamer Chaussee im Norden ist sie in moderner Form erneut verwirklicht worden.

Unter Zehlendorfer Bürgern achtet man sehr darauf, daß das Ortsbild erhalten bleibt. Bezirksbürgermeister Jürgen Klemann trug diesem allgemeinen Anliegen Rechnung, als er 1982 die Initiative zur Bildung eines „Beirates für Stadtbildpflege" ergriff.

Flächenmäßig ist Zehlendorf der drittgrößte Westberliner Bezirk, gleichzeitig aber am wenigsten dicht besiedelt. Die Grenzen zu den Nachbarbezirken Wilmersdorf und Steglitz haben eine

Länge von 53,5 km, die Grenze zur DDR ist 29,9 km lang. Mit der Größe seiner Parkanlagen von 461 ha übertrifft der „Grüne Bezirk“ alle anderen in West-Berlin. Dazu zählen der Heinrich-Laehr-Park und der Schönower Park am Teltower Damm, der Fischtalgrund, das Gemeindewäldchen an der Potsdamer Chaussee, der Schwarze Grund und der Dreipfuhlpark in Dahlem, der Paul-Ernst-Park am Schlachtensee, der Waldpark Krumme Lanke und der von Peter J. Lenné (1789–1866) geschaffene, 116 ha große Park an der Glienicker Brücke (s. S. 55).

Im gesamten Bezirk Zehlendorf leben 83714 Einwohner in 45404 Wohnungen (1984). Ein überdurchschnittlich hoher Prozentsatz der Bevölkerung (17%) ist über 65 Jahre alt.

Verwaltung. Nach Artikel 1 der am 1. 10. 1950 in Kraft getretenen Berlinger Verfassung ist „Berlin ein deutsches Land und zugleich eine Stadt“. Das Land Berlin ist ein demokratisch regierter Stadtstaat. Die Einwohner Berlins wählen als Volksvertretung das Abgeordnetenhaus, das den Senat als Landesregierung wählt.
In den Bezirken sind die auf vier Jahre gewählten Bezirksverordnetenversammlungen mit jeweils 45 Mitgliedern die Organe der bezirklichen Selbstverwaltung. Sie wählt das Bezirksamt, das sich aus dem Bezirksbürgermeister und 6 Bezirksstadträten als Verwaltungsbehörde des Bezirks zusammensetzt.
Die letzten Wahlen in Berlin, bei der die Volksvertreter für das Abgeordnetenhaus und für die Bezirksverordnetenversammlungen gewählt wurden, fanden am 10. März 1985 statt. Im Abgeordnetenhaus ist für Zehlendorf die CDU (49,3%) mit 3 Sitzen, die SPD (23,2%) mit einem und die F.D.P. (15%) ebenfalls mit einem Sitz vertreten.
Die Wahl zur Bezirksverordnetenversammlung brachte der CDU im „Grünen Bezirk“ 27 Sitze (54,4%), der SPD 10 Sitze (21,3%), der Alternativen Liste 4 Sitze (9%) und der WUB, einer unabhängigen Wählergemeinschaft, ebenfalls 4 Sitze (9,3%). Die CDU stellt den Bezirksbürgermeister und vier Stadträte, die SPD zwei Bezirksamtsmitglieder.

Partnerstädte. Als „Gemeinde Europas“ unterhält der Bezirk Partnerschaftsbeziehungen zu Hagen in Westfalen, Cassino/Italien, Sderot/Israel und zu Ronneby/Schweden.

Verkehrswege. Zehlendorf hat ein Straßennetz von 325,9 km Länge und verfügt über 7 U-Bahn- und 6 S-Bahnhöfe. Der Bahnhof Wannsee ist gleichzeitig Fernbahnhof und stellt die Verbindung in den Westen und Süden des Bundesgebietes per Schiene her.
Die Hauptverkehrsachse ist die Verlängerung der bereits im

Bezirk Tiergarten beginnenden Potsdamer Straße. Sie ist die Bundesstraße 1 (Königsberg-Aachen), die sich in Zehlendorf als Berliner, dann Potsdamer Straße, Potsdamer Chaussee und Königstraße bis zur Stadtgrenze zieht und für West-Berlin an der Glienicker Brücke endet. Eine weitere wichtige Verkehrsstraße ist die vom Bezirk Wilmersdorf her in Weiterführung des Hohenzollerndamms kommende Clayallee. Ihre Verlängerung, der als Chaussee 1852 angelegte Teltower Damm, führte früher zur Kreisstadt Teltow, endet jetzt aber am Teltowkanal.

Eine große Rolle spielt auch die Avus. Sie ist Zubringerstraße der Autobahn für den Fernverkehr in Richtung Süden und Westen des Bundesgebietes. Grenzübergang Drei Linden.

Wirtschaftsleben. Das Zehlendorfer Wirtschaftsleben unterscheidet sich auf den ersten Blick nur unwesentlich von dem des gesamten West-Berlin. In West-Berlin gehören 38,3% aller Gewerbebetriebe zum Bereich Handel, in Zehlendorf sind es 38,4%. 36,9% aller Westberliner Betriebe sind Dienstleistungsbetriebe, in Zehlendorf sind es sogar 41,3%. Ein Indiz für die relativ geringe Bevölkerungsdichte Zehlendorfs und seinen großen Anteil an Grün- und Erholungsflächen (Anteil Zehlensdorfs an der gesamten Fläche West-Berlins: 14,7%, Bevölkerungsanteil dagegen nur zwischen 4,5 und 4,9%) ist das verarbeitende Gewerbe. In Zehlendorf gehören nur 7,1% der Betriebe zum verarbeitenden Gewerbe, in West-Berlin immerhin 11,1%. Noch deutlicher wird der Gegensatz, wenn man nur die Industriebetriebe mit 20 und mehr Beschäftigten herausgreift. Von 984 Westberliner Industriebetrieben findet man nur 14 in Zehlendorf, die durchschnittliche Beschäftigungszahl (82,6) liegt dabei weit unter denen Weddings (390,4), Spandaus (401,4) oder auch Reinickendorfs (137).

Kulturelles Leben. Mit der Freien Universität, kurz FU genannt, ist die größte Bildungseinrichtung Berlins in Zehlendorf beheimatet. Rund 50000 Studentinnen und Studenten sind dort eingeschrieben. Hinzu kommen Arbeitsstätten der Forschung außerhalb des Hochschulbereichs, wie beispielsweise der Max-Planck-Gesellschaft und des Hahn-Meitner-Instituts für Kernforschung.

Das Aspen-Institut auf Schwanenwerder und die Stanford-University in der Pacelliallee sind ebenso Einrichtungen von internationalem Rand wie die Stiftung Preußischer Kulturbesitz. Der Museumskomplex in Dahlem, der das Museum für Völkerkunde, die Gemäldegalerie, Skulpturengalerie, das Kupferstichkabinett und die Museen für Indische, Islamische und Ostasiatische Kunst, sowie das Junior- und Blindenmuseum beherbergt, wurde 1985 von 578546 Personen besucht.

Das Brücke-Museum im Bussardsteig zeigt deutsche expressionistische Kunst.
Das „Haus am Waldsee“ ist nicht nur Sitz des Kunstamtes, sondern eine kulturelle Begegnungsstätte Berlins. Das Schloß Glienicke, Schloß Pfaueninsel, das Jagdschloß Grunewald, das Museum für Deutsche Volkskunde, das Preußische Geheime Staatsarchiv befinden sich ebenfalls auf Zehlendorfer Terrain. Der Bezirk hat einen sehr aktiven Heimatverein, einen großen Freundeskreis der Domäne Dahlem, einen Förderkreis des Museumsdorfs Düppel und etliche Privatgalerien.

Sport: Weit über die Grenzen der Stadt hinaus bekannt ist das Strandbad Wannsee (s. S. 49), das größte Binnensee-Bad Europas. Über 500000 Badegäste finden dort in jeder Saison Entspannung und Erholung. 106 Sportvereine tummeln sich auf 15 Sportplätzen und Stadien, in 32 Gymnastik-, Turn- und Sporthallen, in 2 Hallen- und Freibädern.
Unter den Zehlendorfer Sportvereinen ist es vor allem der Fußballclub Hertha 03 Berlin-Zehlendorf, der weit über die Grenzen Berlins hinaus bekannt geworden ist. Weltweit hat kein Fußballverein mehr spielende Mannschaften als Hertha 03, mehr als 50 Mannschaften nehmen am Spielbetrieb teil, davon annähernd 40 Jugendmannschaften.
Zahlreiche Meisterschaften und der Senatspokal für die beste Jugendarbeit im Berliner Fußballverband zieren die Liste der Vereinserfolge.
Als sportlicher Botschafter Berlins knüpft die Oberliga-Mannschaft von Hertha 03 auf ihren Weltreisen freundschaftliche Beziehungen in fernen Ländern.

Bildungseinrichtungen. Zehlendorfs Schulen genießen einen guten, weit über die Bezirksgrenzen hinausreichenden Ruf. Neben 14 Grundschulen, 7 Sonderschulen und einer Hauptschule gibt es ferner 3 Realschulen, 6 Gymnasien und 3 Gesamtschulen. Dazu zählt die bilinguale John-F.-Kennedy-Schule am Teltower Damm, die mit Vorschulklassen beginnt und die Schülerinnen und Schüler sowohl mit dem amerikanischen High-School-Diploma als auch dem deutschen Abiturzeugnis entläßt.

Im berufsbildenden Bereich sind eine Berufs-, eine Fach- und eine Fachoberschule im „Oberstufenzentrum Agrarwirtschaft“ zusammengefaßt, das sich am Hartmannsweilerweg befindet.
Zehlendorfs Volkshochschule offeriert ein breit gefächertes, vielfältiges Programm. 1985 belegten 17496 Personen 934 Kurse.
Die Stadtbücherei verfügt über eine Hauptstelle in der Beuckestraße 1–3, drei Zweigstellen und zwei Autobüchereien mit insgesamt 17 Haltestellen.

Geschichte

Der Zehlendorfer Raum war bereits lange vor unserer Zeitrechnung besiedelt. Zehlendorf selbst wurde um 1220 gegründet und 1242 erstmals urkundlich erwähnt, als das Dorf von den Markgrafen Johann I. (1213–1266) und Otto III. (1215–1267) an das Zisterzienserkloster Lehnin verkauft wurde, dem die Bauern damit abgabepflichtig waren.

Die heutige Schreibweise „Zehlendorf" hatte sich erst im 17. Jahrhundert durchgesetzt, in älteren Aufzeichnungen hieß es u.a. „Cedelendorp", „Czedelndorff" oder „Zcelendorp". Die ältesten Zahlen, die über Zehlendorf Auskunft geben, stammen aus dem Landbuch Kaiser Karls IV. (1375), einer Bestandsaufnahme märkischer Dörfer und Städte. Zehlendorf hatte damals 50 Hufen (ca. 650 ha) landwirtschaftlich genutzten Bodens.

Aus dem 16. Jahrhundert ist die gleiche landwirtschaftliche Nutzfläche überliefert. Die abgabenpflichtigen Bewohner Zehlendorfs waren damals ein Lehnschulze, 12 Bauern (Hüfner), 6 Kossäten (Kleinbauern) und ein Hirt. Rechnet man mit der damals üblichen Zahl von 6 bis 10 Familien- und Haushaltsangehörigen, dann hatte Zehlendorf seit dem späten Mittelalter 150 bis 200 Einwohner, eine Zahl, die sich bis in 18. Jahrhundert kaum veränderte (1801: 262 Einw.).

Nach dem Tod Kaiser Karls IV im Jahr 1378 waren unruhige Zeiten für die Mark Brandenburg angebrochen, die von Raubrittern heimgesucht wurde. Not und Elend endeten mit der Übertragung der Mark Brandenburg an den Burggrafen Friedrich von Nürnberg, der durch die Belehnung von seiten Kaiser Sigismund im Jahr 1415 Friedrich I., Kurfürst von Brandenburg (1415 bis 1440) wurde.

Während der Reformation – 1539 war Kurfürst Joachim II. zum Luthertum übergetreten – fiel das gesamte Kirchengut dem Landesherrn zu und Zehlendorf wurde somit von einem kurfürstlichen Rentamt verwaltet. In diese Zeit fällt das unglückliche Schicksal des Recht und Gerechtigkeit suchenden Hans Kohlhase, Kleists Vorbild für den „Michael Kohlhaas", der 1539 im Sumpfgebiet der Bäke einen Silbertransport überfiel, ergriffen, zum Tode verurteilt und 1540 in Berlin hingerichtet wurde. Noch heute erinnert der Zehlendorfer Ortsteil Kohlhasenbrück an den Raubüberfall.

Der Dreißigjährige Krieg (1618–1648) und die damit einhergehenden Pestjahre entvölkerten Zehlendorf vorübergehend. 1665 setzte der Schreiber des für Zehlendorf zuständigen Amtes Mühlenhof, Christoph Herberger, mit der „Gemeinde Dorf Ordnungk“ Maßstäbe für ein geregeltes Gemeindeleben. Darin heißt es: „Es soll ein jeder Unterthan dahin trachten und schaffen, sein Hauß und Hof Scheur und Ställe in bäulichen Wesen und Würden zu erhalten“, oder „ Denen Unterthanen soll hiermit Friede geboten und Verbotten sein sich nach und aneinander mit Worten und Werken zu vergreifen“.

Seit 1660 gehörte Potsdam zu den Residenzen der brandenburgischen Kurfürsten. Über Zehlendorf führte seither nicht nur die alte Handelsstraße nach Spandau, sondern auch die Verbindung zwischen den Residenzen Berlin und Potsdam. Es gab zwei Wege nach Potsdam, im Norden den „Gemeinen Weg“, dem später weitgehend die Potsdamer Chaussee (1792–95) folgte, und im Süden eine Verbindung, die größere Bedeutung erlangte, nachdem König Friedrich Wilhelm I. 1730 den Ausbau zum geradlinig verlaufenden „Königsweg“ veranlaßt hatte.

Für die spätere Entwicklung Zehlendorfs von einem Bauerndorf zu einem Wohnvorort Berlins war die Herauslösung der Bauern aus den Zwängen der alten Agrarordnung – darunter Abgabenpflicht, Flurzwang und Dreifelderwirtschaft –, ebenso nötig wie die Schaffung privaten Eigentums an Grund und Boden sowie eine bessere Verkehrsverbindung mit Berlin. Ein erster Schritt war die 1777 von Friedrich II. verfügte Vererbbarkeit des Landes in den königlichen Amtsdörfern, zu denen auch Zehlendorf gehörte.

Die vollständige Überführung von Grund und Boden in veräußerbaren, privaten Besitz vollzog sich allerdings erst in den sogenannten Separationen (in den 20er bis 60er Jahren des 19. Jahrhunderts).

In dieser Zeit begann auch die verkehrsmäßige Erschließung des Zehlendorfer Raumes. Die 1838 eröffnete Eisenbahnlinie von Berlin nach Potsdam führte nicht über die Kreisstadt Teltow, sondern über das einige Kilometer weiter nördlich gelegene Zehlendorf. Eine verstärkte Bautätigkeit und ein Steigen der Einwohnerzahl (1860: 840 Einw.; 1890: 4000 Einw.) waren die Folge.

Die 1874 in Betrieb genommene Abzweigung, die zunächst nur die Villenkolonie Alsen am Wannsee mit der Hauptstrecke verband, vor allem aber die Eröffnung der eigenständigen Vorortstrecke von Berlin nach Wannsee im Jahre 1891 leiteten weitere Erschließungen ein. Die Wohngebiete Zehlendorf-West, Schlachtensee und Nikolassee entstanden, wobei Nikolassee und Wannsee eigenständige Landgemeinden wurden. Einen erheblichen Gebietszuwachs erhielt Zehlendorf 1894, als die Gemeindevertretung des Dorfes Schönow die Vereinigung mit dem weiter nördlich gelegenen Zehlendorf beschloß.

Der Bau des Teltowkanals (1900–1906) zog Industrieansiedlungen im Süden Zehlendorfs nach sich, deren Gelände heute allerdings zum Bezirk Steglitz gehören. Im Norden Zehlendorfs wurde Dahlem für eine Wohnbebauung durch die vom Wittenbergplatz über Wilmersdorf hinaus geführte und 1913 bis zum Thielplatz eröffnete U-Bahn erschlossen.

Mit dem Inkrafttreten des Gesetzes über die Bildung einer neuen Stadtgemeinde Berlin im Jahr 1920 schied Zehlendorf aus dem Kreis Teltow aus. Die Landgemeinden Zehlendorf, Nikolassee und Wannsee sowie die Gutsbezirke Dahlem, Klein-Glienicke, Pfaueninsel und Potsdamer Forst (nördlicher Teil) wurden zum neuen Verwaltungsbezirk „Zehlendorf" von Berlin zusammengeschlossen, in dem damals etwas mehr als 33 000 Einwohner lebten.

Die Freude der Zehlendorfer über die Eingemeindung hielt sich in Grenzen. Es gab eine „Los-von-Berlin-Bewegung", und die Gemeinde Wannsee hätte sich lieber Novawes, dem heutigen Babelsberg-Potsdam, angeschlossen. So fahren die Zehlendorfer noch heute „ins Dorf", wenn sie zum Teltower Damm wollen, und sie machen sich auf dem Weg „in die Stadt", wenn sie die Bezirksgrenzen überschreiten.

Nach der Bildung des Verwaltungsbezirkes Zehlendorf entstand für die neue Bezirksverwaltung in den Jahren 1926–29 das von Eduard Jobst Siedler entworfene Rathaus an der Kirchstraße/Teltower Damm. Die Wohnbautätigkeit setzte sich auch im neuen Bezirk fort. Aber dabei wurden neue Akzente gesetzt. Während es vor 1920 in Zehlendorf und seinen Ortsteilen vor allem Angehörige wohlhabender Schichten waren, die Villen bauen ließen – eine Ausnahme war die sogenannte Gartenstadt Zehlendorf südlich der Berlepschstraße –, nahm man in den zwanziger und dreißiger Jahren Siedlungsprojekte in Angriff, an deren Verwirklichung namhafte Architekten beteiligt waren. Im Norden des Bezirks entstanden Ende der zwanziger Jahre die Siedlungen „Onkel Toms Hütte" (Architekten u. a. Bruno Taut, Hugo Häring, Otto Rudolf Salvisberg) und „Am Fischtal" (Architekten u. a. Heinrich Tessenow, Paul Schmitthenner, Hans Poelzig). Durch die Verlängerung der U-Bahn über den Thielplatz hinaus bis zur Krummen Lanke erhielten die Siedlungen 1929 eine öffentliche Nahverkehrsanbindung an die Berliner Innenstadt. Weiter südwestlich war an der Potsdamer Chaussee schon 1923/24 die Siedlung „Heidehof" fertiggestellt worden. Es waren vor allem Beamte, Angestellte, Facharbeiter und Intellektuelle, die die Siedlungen bewohnten.

Die Nationalsozialisten erfuhren in Zehlendorf keine geringere Unterstützung als in anderen „bürgerlichen" Bezirken Berlins. Entlassungen und Säuberungen im Bezirksamt Zehlendorf hielten sich nach dem Januar 1933 in Grenzen. Aus den öffentlichen Schulen wurden aber zunehmend jüdische Schüler hinausgedrängt. Es gab in Zehlendorf nur wenige zentrale nationalsozialistische Einrichtungen, darunter die Schulungsburg Wannsee der Deutschen Arbeitsfront und die Reichsreiterführerschule der SA. In Zehlendorf wohnten nicht nur prominente Nationalsozialisten – darunter Propagandaminister Goebbels und Hitlers Leibarzt Morell auf Schwanenwerder sowie Außenminister Ribbentrop in Dahlem –, auch namhafte Widerstandskämpfer und Verfolgte waren Bürger Zehlendorfs, darunter Claus Schenk Graf von Stauffenberg, Julius Leber, Graf von der Schulenburg und Friedrich Olbricht.

Viele Bewohner der sogenannten Roten Fischtalsiedlung (s. S. 44) hielten Distanz zu den Nationalsozialisten oder beteiligten sich aktiv am Widerstand. Einer der wichtigsten Ausgangspunkte für den kirchlichen Widerstand war die St.-Annen-Gemeinde in Dahlem, deren Pfarrer Martin Niemöller zu den Gründungsmitgliedern des Pfarrernotbundes und zu den aktiven Vertretern der Bekennenden Kirche gehörte, die sich nach der zweiten Bekenntnissynode, die im Oktober 1934 in Dahlem getagt hatte, eine eigene Organisationsstruktur schuf.

Demgegenüber fand in einem anderen Zehlendorfer Ortsteil in einer Villa am Großen Wannsee am 20. 1. 1942 die sog. Wannsee-Konferenz statt, auf der die „Endlösung der Judenfrage", die bürokratische-perfektionierte Massenvernichtung aller europäischen Juden, beschlossen wurde.

Zehlendorf war erst seit dem März 1943 vom Bombenkrieg betroffen, und wenn auch die Zerstörungen längst nicht den Umfang wie in den Innenstadtbezirken annahmen, so waren bei Kriegsende doch die meisten Zehlendorfer Häuser zumindest beschädigt. Ende April 1945 nahmen Einheiten der Roten Armee Zehlendorf-Mitte nahezu kampflos ein, und zwei Monate später rückten die westlichen Alliierten in ihre Berliner Sektoren ein. Zehlendorf gehört seither zum amerikanischen Sektor, an der Clayallee befindet sich seit 1945 das amerikanische Hauptquartier.

Es folgten Jahre der Not und des Überlebens, bevor sich nach der Berlin-Blockade das öffentliche Leben allmählich wieder normalisierte. Die Einwohnerzahl Zehlendorfs, die 1938 noch bei 83 921 lag, war 1945 auf 65 738 gesunken. Sie stieg nur allmählich an und überschritt 1953/54 die Schwelle von 100 000.

Die Gründung der Freien Universität im Jahr 1948 führte dazu, daß das bis dahin von Villen geprägte Ortsbild Dahlems in den folgenden Jahrzehnten immer stärker von den Einrichtungen der Freien Universität beeinflußt wurde. Dabei konnte die Universitätsgründung durchaus an eine wissenschaftliche Tadition in Dahlem anknüpfen. Der Wohnort Dahlem war auf ehemaligem königlichen Domänenland entstanden. Um die Jahrhundertwende war entschieden worden, die Domäne nicht wieder zu verpachten, die Flächen vielmehr allmählich aufzuteilen, zu erschließen und als Bauland zu verkaufen, womit sich der Fiskus an der damals blühenden Bauspekulation beteiligte, die eine Folge der allseits konstatierten Berliner Wohnungsnot war. Zahlreiche Grundstücke erhielt die „Kaiser-Wilhelm-Gesellschaft zur Förderung der Wissenschaften“ und neben schon vorher entstandenen staatlichen Prüf- und Lehranstalten wurden seit 1910 in Dahlem zahlreiche Institute der Kaiser-Wilhelm-Gesellschaft errichtet, von denen einigc später von der Freien Universität übernommen wurden.

Zehlendorfer Persönlichkeiten

Süssmilch, Johann Peter (*1707, †1767). Theologe, Statistiker und Nationalökonom, im Erbbraukrug zu Zehlendorf geboren. Studium der Rechte, Medizin und Theologie. Pfarrer. Einer der Väter der Statistik; entwickelte erstmals Methoden der Bevölkerungsstatistik und analysierte Ursachen und Auswirkungen des Bevölkerungswachstums.

Schaede, Ernst Ferdinand (*1712, †1861). Lehrer, Küster, Chronist. Erster an einem Seminar ausgebildeter Lehrer, der im alten Schulhaus an der Clayallee, dem heutigen Sitz des Heimatvereins, lehrte und lebte.

Laehr, Heinrich (*1820, †1905). Geheimrat, Professor und Gründer des Asyls Schweizerhof (Gebäude sind nicht mehr erhalten), der als Nervenarzt mit seiner Anstalt Maßstäbe in der modernen Psychiatrie setzte.

Begas, Oskar (*1828, †1883). Maler, Professor und Mitglied der Akademie (1866), baute das zweite Wohnhaus in der Kolonie Alsen Am Kleinen Wannsee 2.

Liebermann, Max (*1847, †1935). Maler, Professor und Mitglied der Akademie der Künste. Sein Atelier hatte er neben dem Brandenburger Tor am Pariser Platz, sein Wohnhaus am Großen Wannsee 42.

Schrey, Ferdinand (*1850, †1938), Ehrenbergstraße 21. Kaufmann, Mitbegründer der 1897 eingeführten Kurzschrift (Stolze-Schrey).

Kunzendorf, Paul (*1853, †1923), Teltower Straße, Haus Wiesenburg. Journalist, Schriftsteller, Chronist und Herausgeber des „Zehlendorfer Anzeigers".

Hartmann, Gustav (*1859, †1938), Alsenstraße 11. Droschkenkutscher, bekannt als „Eiserner Gustav".

Franck, Philipp (*1860, †1944). Maler der märkischen Landschaft, Professor und Direktor der staatlichen Kunstschule in Berlin (1915–1930), wohnte ab 1911 in der Kolonie Alsen, Hohenzollernstraße 7.

Meinecke, Friedrich (*1862, †1954), Am Hirschsprung 13. Historiker. Rektor der gegründeten FU.

Langenscheidt, Carl (*1870, †1952), Colomierstraße 2. Verleger der Langenscheidt Sprachwerke.

Feininger, Lyonel (*1871, †1956). Maler. Lehrte 1919–1933 am Bauhaus in Weimar und emigrierte in seine Geburtsstadt New York, in Zehlendorf lebte er von 1908–1919 in der Königsstraße 32.

Schmarje, Walter (*1872, †1921), Milinowskistraße 10a. Bildhauer, Zehlendorfer Künstler.

Hahn, Otto (*1879, †1968), Altensteinstraße 48. Chemiker. 1910–1934 Professor in Berlin, 1928–1945 Direktor des Kaiser-Wilhelm-Instituts für Chemie, 1946–1960 Präsident der Max-Planck-Gesellschaft. Nach Vorarbeiten mit Lise Meitner entdeckte er gemeinsam mit F. Straßmann 1938 die Spaltung von Urankernen bei Neutronenbestrahlung. 1944 Nobelpreis für Chemie.

Tessenow, Heinrich (*1876, †1950). Architekt. Vertreter der „neuen Sachlichkeit", lebte in seinem selbst entworfenen Haus in der Sophie-Charlotte-Straße 7.

Warburg, Otto-Heinrich (*1883, †1970). Biochemiker, Mediziner. Professor am Max-Planck-Institut für Zellphysiologie, Nobelpreisträger und Ehrenbürger Berlins.

Schmidt-Rottluff, Karl (*1884, †1976), Schützallee 136. Maler, Professor an der Berliner Akademie (1974), Gründungsmitglied der Künstlergemeinschaft „Brücke".

Kluge, Kurt (*1886, †1940). Schriftsteller, Bildhauer, Erzgießer. Er wohnte in der Krottnauer Straße 64, dem heutigen Sitz des Kurt-Kluge-Archivs.

Friedensburg, Ferdinand (*1886, †1972), Hoiruper Straße 14a. Jurist. 1925–1927 Polizeivizepräsident von Berlin, danach Regierungspräsident in Kassel, 1933 amtsenthoben. Im Sommer 1945 Mitbegründer der Berliner CDU. 1946–1951 Bürgermeister von Berlin.

Canaris, Wilhelm Franz (*1887, †1945), Betazeile 17–19 (heute Waldsängerpfad). Admiral, Chef der deutschen Abwehr. Von den Nazis hingerichtet.

Olbricht, Friedrich (*1888, †1944), Wildpfad 24. Offizier. Als Chef des Allgemeinen Heeresamtes war er einer der Hauptverantwortlichen für die Vorbereitung des Attentats auf Hitler. Nach dessen Scheitern wurde er am 20. Juli 1944 im Hof des Bendlerblocks standrechtlich erschossen.

Harnack, Ernst von (*1888, †1945), Am Fischtal 8. Regierungspräsident, Widerstandskämpfer, von den Nazis hingerichtet.

Jung, Franz (*1888, †1963), Onkel-Tom-Siedlung. Schriftsteller. Schrieb zunächst expressionistische, später sozialkritische Romane, Erzählungen und Dramen. Seit 1933 illegale Arbeit in der linkssozialistischen Gruppe „Rote Kämpfer". 1936 verhaftet, auf Betreiben von Canaris später freigelassen. Emigration in verschiedene Länder (u. a. Ungarn, USA). 1960 Rückkehr nach Europa.

Reuter, Ernst (*1889, †1953), Bülowstraße 33 (Gedenktafel). Sozialdemokratischer Politiker, 1926–1931 Stadtrat für Verkehr in Berlin. 1931–1933 Oberbürgermeister von Magdeburg. 1933–1946 Exil in der Türkei. 1947/48 Stadtrat für Verkehr in Berlin. 1948–1951 Oberbürgermeister, 1951–1953 Regierender Bürgermeister.

Niemeyer, Johannes (*1889, †1980). Maler. Lebte und arbeitete ab 1928 in Steinstükken, Steinstraße 46e.

Schneller, Ernst (*1890, †1944), Eisvogelweg 60. Mitglied des Reichstages (KPD), Mitorganisator des „Roten Frontkämpferbundes". Nach dem Reichstagsbrand Ende Februar 1933 verhaftet. Gefängnis, Zuchthaus, KZ. Im Oktober 1944 im KZ Sachsenhausen ermordet.

Dovifat, Emil (*1890, †1969), Charlottenstraße 2. Direktor des Instituts für Publizistik, Mitbegründer von Freier Universität und CDU.

Leber, Julius (*1891, †1945), Eisvogelweg 71 (Gedenktafel). Sozialdemokratischer Politiker. Redakteur. 1924–1933 Mitglied des Reichstages. 1933–1937 Gefängnis- und KZ-Haft. Enge Kontakte zum Widerstand (Kreisauer Kreis, militärischer Widerstand). Anfang Juli 1944 verhaftet und im Januar 1945 in Plötzensee hingerichtet.

Bergengruen, Werner (*1892, †1964), Riemeisterstraße 107. Schriftsteller. Als konservativer Christ verweigerte er sich dem Nationalsozialismus und ging in die innere Emigration.

Niemöller, Martin (*1892, †1984). Ev. Theologe. Seit 1930 Gemeindepfarrer der St.-Annen-Gemeinde in Dahlem. Mitbegründer des Pfarrernotbundes und der Bekennenden Kirche. 1937 Verhaftung, Festungshaft. 1938–1945 in den Konzentrationslagern Sachsenhausen und Dachau. Nach dem Krieg 1947–1964 Kirchenpräsident von Hessen und Nassau. 1961–1968 einer der Präsidenten des Weltkirchenrates. Das alte Pfarrhaus in der Pacelliallee 61 ist heute das „Friedenszentrum Martin-Niemöller-Haus".

George, Heinrich (*1893, †1946). Schauspieler, wohnte ab 1931 in der Bismarckstraße 34.

Dahrendorf, Gustav (*1901, †1954), Süntelsteig 28. Kaufmann, sozialdemokratischer Politiker. Seit 1932 Mitglied des Reichstages. 1933 verhaftet, KZ. Nach der Entlassung Verbindungen zum sozialdemokratischen und gewerkschaftlichen Widerstand. Nach dem Attentat vom 20. Juli 1944 verhaftet. Nach der Befreiung im Berliner sozialdemokratischen Parteivorstand tätig. Gegner der Vereinigung von KPD und SPD in der Sowjetischen Besatzungszone und in Ost-Berlin. 1946 Rückkehr nach Hamburg.

Schulenburg, Fritz-Dietlof, Graf von der (*1902, †1944), Ithweg 15. Jurist. Gegner des Nationalsozialismus. Ab 1939 Offizier. An verschiedenen Attentatsplänen beteiligt, im August 1944 in Plötzensee hingerichtet.

Klepper, Jochen (*1903, †1942), Teutonenstraße 23. Schriftsteller, Theologe. Seit 1939 in Nikolassee. In seinen Romanen Protest gegen die NS-Diktatur („Der Vater"). Im Dezember 1942 gemeinsamer Freitod mit seiner jüdischen Frau.

Stauffenberg, Claus Schenk, Graf von (*1907, †1944), Tristanstraße 8 (Gedenktafel). Seit 1943 an der Vorbereitung von Attentatsplänen auf Hitler beteiligt. Nach dem von ihm durchgeführten und gescheiterten Attentat am 20. Juli 1944 im Hof des Bendlerblocks standrechtlich erschossen.

BEZIRKSBESCHREIBUNG

1. Dahlem

Das **Dorf Dahlem,** erstmals 1275 genannt, war im Mittelalter Lehen der Geschlechter v. Milow und v. Spil und wurde 1671 von dem Kreiskommissar Cuno Hans v. Willmerstorff, ab 1701 erster Landrat des Kreises Teltow, erworben. Ab 1804 gehörte es dem Großkanzler Beyme, dessen Erben den Besitz an den Domänenfiskus verkauften. 1901 wurde die Domäne in eine Landhauskolonie und in Flächen für wissenschaftliche Institute aufgeteilt, wobei der idyllische Dorfkern erhalten blieb. Heute spielt Dahlem als Sitz der Freien Universität, kurz FU genannt, einiger Institute der Techn. Universität, der Max-Planck-Gesellschaft und der Museen Dahlem eine wichtige Rolle.

An der Nordostecke der Gemarkung Dahlem liegt der einst reizvolle, heute von der Stadtautobahn zerschnittene Breitenbachplatz (Plan S. 28/29; E1). Die U-Bahn führt von hier durch das von Grünanlagen durchzogene Villenviertel Dahlem zu den wissenschaftlichen Instituten und Sammlungen. Vom U-Bahnhof Breitenbachplatz erreicht man, die *Elektronenspeicherringanlage BESSY* und das *Max-Planck-Institut für Bildungsforschung* passierend, in der Lentzeallee und am Albrecht-Thaer-Weg die *Institute für Landwirtschaft und Gartenbau* der Technischen Universität, rote Backsteinbauten der 20er Jahre, zumeist von Heinrich Straumer. Die Lentzeallee mündet auf den 'Platz am Wilden Eber' mit der Bronzeplastik eines Ebers. Südöstlich des U-Bhfs. Podbielskiallee, in der gleichnamigen Straße Nr. 69, das *Deutsche Archäologische Institut,* ein Neubau, an den hinten das 1912 von Peter Behrens erbaute ehem. 'Haus Wiegand' anschließt (Zugang Peter-Lenné-Str.).

Vom U-Bhf. Podbielskiallee führt die Archivstraße parallel zur U-Bahn, die hier im offenen Einschnitt verläuft, nach Süden. In Nr. 12 hat seit 1924 das **Geheime Staatsarchiv** Preußischer Kulturbesitz seinen Sitz. Es ging aus dem Mitte des 15. Jhs. erwähnten Archiv der Kurfürsten von Brandenburg hervor und gehört jetzt zur Stiftung Preußischer Kulturbesitz. Das Archiv, in das auch die im Westen erhaltenen Teile des Brandenburg-Preußischen Hausarchivs einbezogen sind, umfaßt Akten und Urkunden Brandenburg – Preußens sowie der preußischen Ostprovinzen, u. a. Bestände des früheren Preußischen Staatsarchivs Königsberg, 110 000 historische Karten sowie Korrespondenzen und Nachlässe zur preußischen Geschichte. Die Bibliothek umfaßt 100 000 Bände. Öffnungszeiten s. S. 9.

Hinter dem Geheimen Staatsarchiv, Im Winkel 6/8, befindet sich in einem Neubau das **Museum für Deutsche Volkskunde** SMPK (Öffnungszeiten s. S. 9). Das Museum wurde 1889 auf Betreiben Rudolf Virchows ins Leben gerufen, 1893 durch volkstümliche Objekte, die man für die Weltausstellung in Chicago gesammelt hatte, wesentlich ergänzt und 1904 als 'Königliche Sammlung für Deutsche Volkskunde' den Königl. Museen angegliedert. Der im Krieg zu 75% zerstörte Bestand wurde durch Neuerwerbungen ergänzt und erhielt 1976 in Dahlem einen eigenen Bau. Die Sammlung zeigt in zwei Geschossen überwiegend Objekte des bäuerlichen Lebens, nach Themenkreisen geordnet. Im Erdgeschoß sind Möbel, Geschirr, Trachten, Schmuck und Bilder ausgestellt. Im Obergeschoß werden bäuerliche Tätigkeiten wie das Bearbeiten der Feldfrüchte, Kochen, Backen, Milchwirtschaft, Spinnen, Weben, Färben, Nadelarbeiten vorgeführt. Zudem sind hier größere und kleinere Sonderausstellungen zu sehen. Im 2. Obergeschoß befindet sich die Sammlung Gertrud Weinhold zum 'Evangelium in den Wohnungen der Völker', religiöse Kulturzeugnisse aus aller Welt.

Der *U-Bhf. Dahlem-Dorf* (Plan S. 28/29; D2), 1913 auf Anregung Kaiser Wilhelms II. als niedersächsisches Fachwerkhaus mit Strohdach errichtet, erinnert daran, daß hier das Zentrum des früheren Dorfes Dahlem liegt. Vom U-Bhf. kommt man westlich zum Dorfanger mit dem ehem. **Herrenhaus,** das 1680 Cuno Hans v. Willmerstorff auf den Mauern eines älteren Gutshauses errichten ließ. Die Hauptfront des Barockbaues wendet sich zum Hof und wird durch einen Portalrisalit mit Dreiecksgiebel und Alliancewappen der Willmerstorff-Hake hervorgehoben. Im Erdgeschoß eine ehem. gotische *Kapelle* mit reichem Sterngewölbe, über der sich nach neuesten Forschungen vermutlich ein freistehender mittelalterlicher Wohnturm erhob. Das Gut wird heute u. a. vom Fachbereich Veterinärmedizin der Freien Universität genutzt. Durch die alljährlich mehrfach auf dem Domänengelände stattfindenden Feste, die der Bürgerverein 'Freunde der Domäne Dahlem' veranstaltet, soll die Erinnerung an das bäuerliche Leben in Berlin wachgehalten werden. Auf dem mit alten Bäumen bestandenen *Dorfanger* ein kleiner Hügel mit dem *Erinnerungsmal* an den Ersten Weltkrieg von Hermann Hosaeus.

Die **St.-Annen-Kirche** (Plan S. 28/29; D1) ist ein stimmungsvoller, einschiffiger Backsteinbau auf Feldsteinsockel aus dem 14. Jh., dem am Ende des 15. Jhs. ein Chor mit Kreuzrippengewölbe und großen Maßwerkfenstern angefügt wurde. 1670 wurde auch das Langhaus eingewölbt. An den Längswänden des Schiffs die 1893 freigelegten, mehrfach restaurierten Reste von *Wandmalereien* des 14. Jhs., die in einem durchlaufenden, von den Gewölbevorlagen zerschnittenen Fries Szenen aus dem Leben Christi und der hl. Anna darstellen. Die Fenster an der Südwand mit Szenen aus der Leidensgeschichte sind von Hermann Kirchberger und Ludwig P. Kowalski (1951). Im Chor ist der alte, der hl. Anna gewidmete Schnitzalter des 16. Jhs. erhalten. Die mit Wappen verzierten *Grabsteine* der Willmerstorff gelten dem Gutsherrn und Landrat des Teltowkreises Cuno Hans († 1720), seiner Ehefrau († 1711) und einem seiner Söhne († 1714). Die mit bunter Bauernmalerei geschmückte Kanzel wurde 1679 gestiftet. Im Chor eine spätgot. Kreuzigungstafel (1485) aus der zerstörten Klosterkirche in Berlin-Mitte.

1832 wurde auf dem Turm der Kirche, die im freien Gelände etwas erhöht lag, ein Mast für die *optische Telegraphenlinie* angebracht, die Major O'Etzel von Berlin über Magdeburg, Paderborn bis Köln und Koblenz über 61 Telegraphenhäuser führte. Es war die erste preußische Linie nach der Erfindung des Franzosen Claude Chappe (1792). Sie begann in Berlin auf der Sternwarte der Akademie der Wissenschaften in der Dorotheenstraße und wurde von Dahlem, der 2. Station, auf den Schäferberg bei Wannsee übertragen. Schon im Juli 1846 ersetzte O'Etzel die optische Linie bis Potsdam als Versuchsstrecke längs der Eisenbahn durch einen elektromagnetischen Zeigertelegraphen.

Am Eingang des **Kirchhofs** steht der Grabstein der *Kaethe Branco* (1877), dessen Inschrift junge Wanderer des Steglitzer Gymnasiums 1901 dazu bewog, ihrer Jugendbewegung den Namen 'Wandervogel' zu geben. – Auf dem Kirchhof die Gräber von *Paul Bildt* (Schauspieler, † 1957; mit Bronzeskulptur 'Eirene' von Gerhard Marcks, 1937), *Horst Caspar* (Schauspieler, † 1952), *Rudi Dutschke* (Politologe und Führer der Studentenbewegung von 1968, † 1979), *August Gaul* (Tierbildhauer, † 1921), *Waldemar Grizmek* (Bildhauer, † 1984), *Hans Herzfeld* (Historiker, † 1982), *Werner Hinz* (Schauspieler, † 1985), *Henricus van t'Hoff* (Chemiker, † 1911), *Lucie Höflich* (Schauspielerin, † 1956), *Lilli Lehmann* (Opernsängerin, † 1929), *Friedrich Meinecke* (Historiker, † 1954), *Rotraut Richter* (Schauspielerin, † 1947), *Ferdinand Schrey* (Begründer der Kurzschrift Stolze-Schrey, † 1938), *Volker von Törne* (Schriftsteller, † 1980), *Otto Warburg* (Chemiker, † 1970). Ein Gedenkstein erinnert an *Käthe Dorsch* (Schauspielerin, † 1957), beigesetzt in Saarow (Mark).
Die St.-Annen-Kirche war nach 1933 unter Martin Niemöller das Zentrum der Bekennenden Kirche in Deutschland.

Von der Kirche gelangt man durch die Königin-Luise-Straße zum Jagdschloß Grunewald (s. S. 41). Östlich vom U-Bhf. Dahlem-Dorf liegen das *Postamt,* die kath. *St.-Bernhard-Kirche* (1934; Wilhelm Fahlbusch), die *Biologische Bundesanstalt für*

Land- und Forstwirtschaft, die *Staatl. Lehr- und Forschungsanstalt für Gartenbau* und das *Institut für Pflanzenphysiologie der FU* von Wassili Luckhardt (1972). Wenige Schritte weiter erreicht man den Nordeingang des *Botanischen Gartens*.

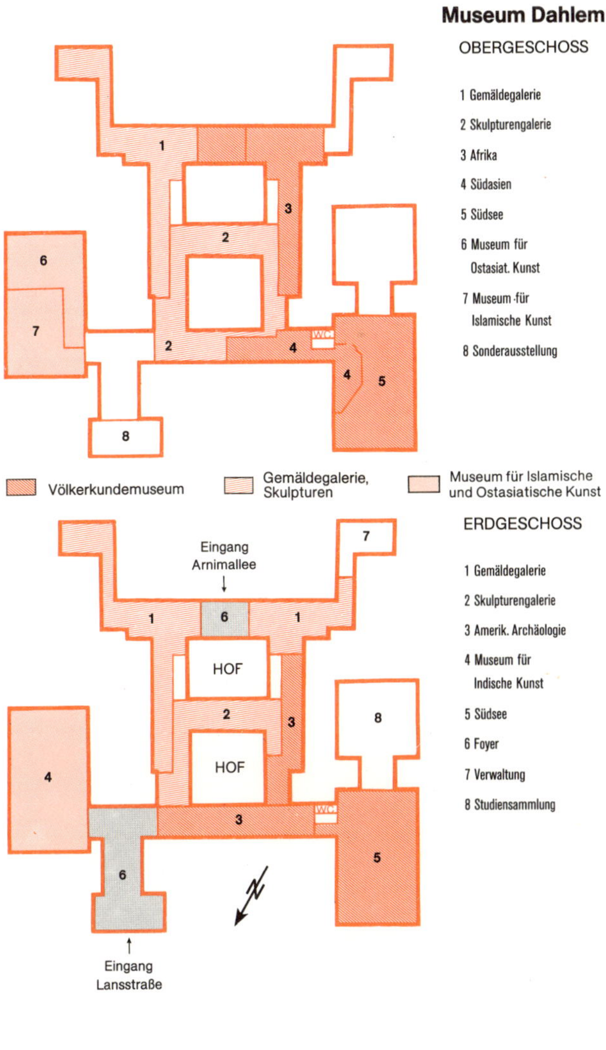

Die Museen in Dahlem

Von den vierzehn Staatlichen Museen der Stiftung Preußischer Kulturbesitz bilden die in Dahlem untergebrachten Sammlungen – Gemäldegalerie, Skulpturengalerie, Kupferstichkabinett, Museum für Völkerkunde, Museen für Islamische, Indische und Ostasiatische Kunst und etwas abseits gelegen das Museum für Deutsche Volkskunde (s. S. 23) – einen besonderen Schwerpunkt. Den Kern bildet das 1914–21 von Bruno Paul an der Arnimallee errichtete Gebäude, das nach den Plänen Wilhelm von Bodes die Asiatische Kunst aufnehmen und damit ein drittes, in der Nähe anderer Forschungsstätten gelegenes Museumszentrum werden sollte, da die Museumsinsel und die Bauten in der Prinz-Albrecht-Straße nicht mehr ausreichten. Der dann aber nur als Magazin des Völkerkundemuseums verwendete Bau wurde nach dem 2. Weltkrieg zunächst als Museum für alle Staatlichen Sammlungen verwendet. Zwischen 1960–70 wurde er etappenweise durch Neubauten erweitert; der Hauptzugang befindet sich heute an der Lansstraße. Der Altbau mit seinen Anbauten beherbergt die Gemäldegalerie, die Skulpturengalerie, das Kupferstichkabinett und Teile des Völkerkundemuseums. Der Neubau umfaßt weitere Teile des Völkerkundemuseums und der Skulpturengalerie sowie die Museen für Indische, Islamische und Ostasiatische Kunst. Zukunftsziel ist es, die Sammlungen der abendländischen Kunst in Neubauten am Tiergartenrand zusammenzufassen und die Dahlemer Gebäude dann völlig dem Museum für Völkerkunde und den Sammlungen für Islamische, Indische und Ostasiatische Kunst einzuräumen. – Vor dem Eingang Arnimallee eine *Kentaurengruppe* von Reinhold Begas (1881); Arnimallee, Ecke Fabeckstraße die Gruppe *Herkules mit dem Nemeischen Löwen* von Max Klein (1897).

Die ****Gemäldegalerie** (Öffnungszeiten s. S. 9) stellt trotz schwerer Kriegsverluste, die vor allem die großformatigen Bilder betrafen, eine Konzentration von erlesenen Meisterwerken dar, wie sie sonst nur im Louvre zu Paris, in Dresden, München, London, Madrid und Wien zu finden sind. Mit rd. 750 ausgestellten Bildern gibt die Galerie in beinahe lückenloser Folge einen hervorragenden Überblick über die europäische Malerei vom Beginn der Tafelmalerei im 13. Jh. bis zu den Meistern des Rokoko. Die deutsche, niederländische und italienische Malerei sind in annähernd gleicher Stärke und Bedeutung vertreten; einen entsprechenden Schwerpunkt stellen die französischen Gemälde des 18. Jhs. aus den ehemals königl. Schlössern dar, die heute z. T. im Schloß Charlottenburg hängen. Diese historische Geschlossenheit verdankt die Gemäldegalerie einer systematischen, wissenschaftlich ausgerichteten Sammeltätigkeit, die im ersten Viertel des 19. Jhs. begann und in der großartigen Ankaufspolitik Wilhelm v. Bodes gipfelte, der 1872–1929 im Dienst der Museen tätig war.

Den Kern der Sammlung bilden die Gemälde aus königlichem Besitz, der sich bis in die Kunstkammer des Gr. Kurfürsten zurückverfolgen läßt. Von großer Bedeutung waren die Erwerbungen Friedrichs d. Gr., die vor allem der französischen Malerei des 18. Jhs. und der italienischen und flämischen Barockmalerei gewidmet waren. 1815 und 1821 erfolgten die ersten größeren Ankäufe von ganzen Sammlungen vornehmlich italienischer Malerei (Giustiniani und Solly), die bereits für ein neu zu gründendes Königl. Museum bestimmt waren. 1830 wurde das von Schinkel erbaute Museum im Lustgarten eröffnet. Hier war die Gemäldegalerie bis zur Eröffnung des Kaiser-Friedrich-Museums auf der Museumsinsel (1904) untergebracht. 1930 wurden die altdeutschen und altniederländischen Gemälde aus der Schausammlung des Kaiser-Friedrich-Museums herausgelöst und in dem damals neu errichteten sog. Deutschen Museum (Nordflügel des Pergamon-Museums) gemeinsam mit den Skulpturen der Zeit ausgestellt.

Die im 2. Weltkrieg ausgelagerten, nicht im Bunker verbrannten Teile der Sammlung kehrten ab 1950 weitgehend nach West-Berlin zurück, wo sie bis zur Fertigstellung eines eigenen Museums im Dahlemer Bau untergebracht sind. Die Werke sind nach Jahrhunderten und nach Ländern geordnet. Im Erdgeschoß befinden sich die deutschen, altniederländischen und italienischen Gemälde vom 13. bis zum Ausgang des 16. Jhs. sowie die deutsche, französische und englische Malerei des 18. Jhs. Im Obergeschoß ist die flämische und holländische Barockmalerei ausgestellt sowie die französische und italienische Malerei des Barock und Rokoko.

Altdeutsche: *Westfälisch, 13. Jahrhundert,* Zwei Altaraufsätze (aus der Wiesenkirche in Soest); *Böhmisch um 1350,* *Glatzer Madonna; *Hans Multscher,* *Wurzacher Altar: acht Tafeln mit Darstellungen aus dem Marienleben und der Passion Christi (1437); *Meister der Darmstädter Passion,* Flügel eines Kreuzigungsaltars; *Konrad Witz,* *Die Königin von Saba vor Salomo; *Albrecht Dürer,* Madonna mit dem Zeisig (1506), Bildnis einer jungen Frau, **Bildnis des Hieronymus Holzschuher (1526), Bildnis des Jacob Muffel (1526), Bildnis Friedrichs des Weisen; *Albrecht Altdorfer,* *Ruhe auf der Flucht nach Ägypten (1510), *Geburt Christi; *Lucas Cranach d. Ä.,* *Ruhe auf der Flucht (1504); *Der Jungbrunnen (1546); *Martin Schongauer,* *Anbetung der Hirten; *Hans Baldung Grien,* Beweinung Christi, Pyramus und Thisbe; *Christoph Amberger,* Bildnis Kaiser Karls V.; *Hans Holbein d. J.,* **Bildnis des Kaufmanns Georg Gisze (1532).

Ausschnitt aus der Übersichtskarte von Berlin (West) 1 : 50 000, Ausgabe 1980. Vervielfältigt mit Erlaubnis des Senators für Bau- und Wohnungswesen—V

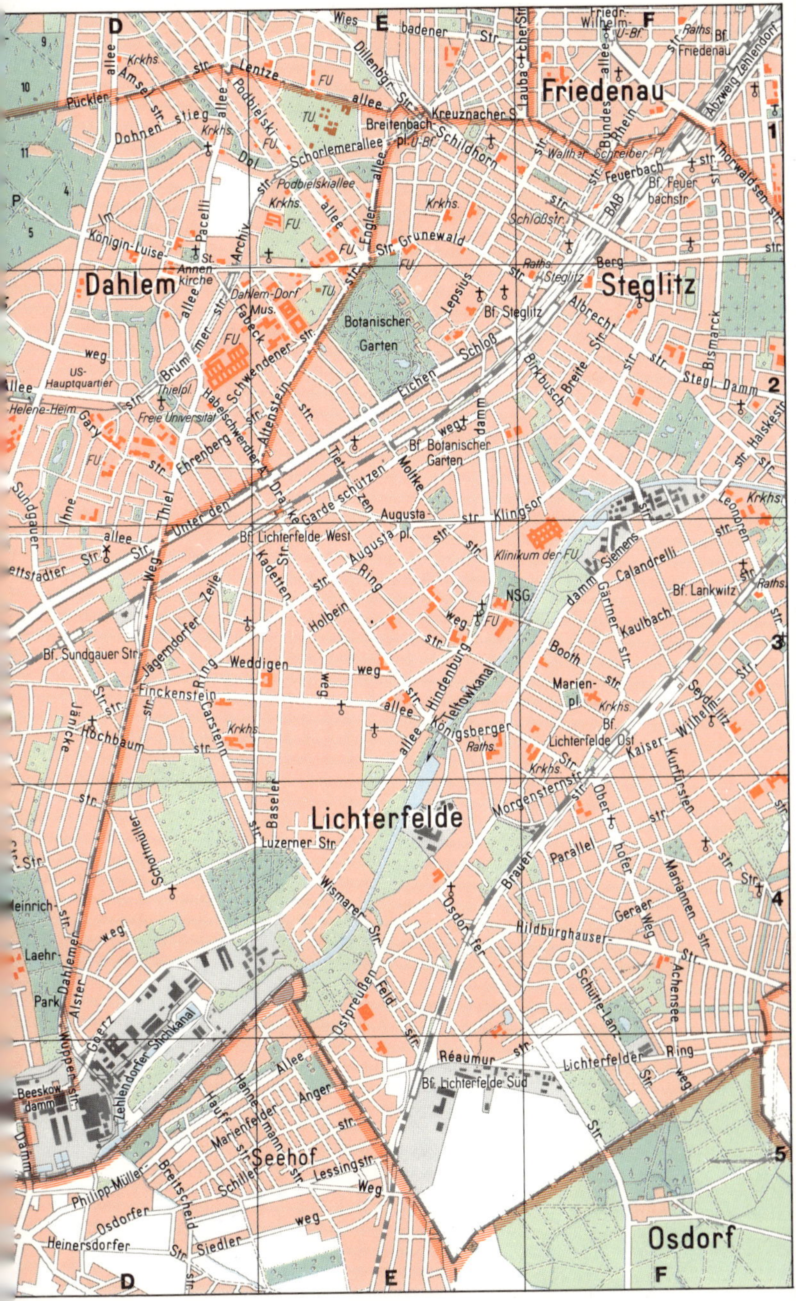
D
E
F
Friedenau
Dahlem
Steglitz
Lichterfelde
Seehof
Osdorf
Botanischer Garten
US-Hauptquartier
Freie Universität
Klinikum der FU
Teltowkanal
Zehlendorfer Stichkanal
Bf. Friedenau
Bf. Feuerbachstr.
Bf. Steglitz
Bf. Botanischer Garten
Bf. Lichterfelde West
Bf. Sundgauer Str.
Bf. Lankwitz
Bf. Lichterfelde Ost
Bf. Lichterfelde Süd
Rathaus Steglitz
Schloßstr.
Grunewald Str.
Schildhorn
Kreuznacher Str.
Breitenbach pl.
Schorlemerallee
Podbielskiallee
Königin-Luise-Str.
Pücklerstr.
Dohnenstieg
Annenkirche
Dahlem-Dorf
Mus.
Unter den Eichen
Drakestr.
Gardeschützenweg
Moltkestr.
Augustastr.
Klingsorstr.
Calandrellistr.
Hindenburgdamm
Finckensteinallee
Weddigenweg
Hochbaumstr.
Jägerndorfer Zeile
Holbeinstr.
Baseler Str.
Luzerner Str.
Wismarer Str.
Ostpreußendamm
Osdorfer Str.
Réaumurstr.
Lichterfelder Ring
Hildburghauser Str.
Goerzallee
Beeskowdamm
Wupperstr.
Philipp-Müller-Allee
Osdorfer Weg
Heinersdorfer Str.
Siedlerweg
Breitscheidstr.
Marienfelder Allee
Lessingstr.
Schillerstr.
Hannemannstr.
Angerstr.
Hauffstr.
Thorwaldsenstr.
Albrechtstr.
Bismarckstr.
Steglitzer Damm
Siemensdamm
Kaulbachstr.
Boothstr.
Marienplatz
Kaiser-Wilhelm-Str.
Kurfürstenstr.
Mariannenstr.
Achenseeweg
Sundgauer Str.
Thielallee
Habelschwerdter Allee
Altensteinstr.
Ehrenbergstr.
Brümmerstr.
Fabeckstr.
Schwendenerstr.
Archivstr.
Pacellialle
Lentzeallee
Dillenburger Str.
Wiesbadener Str.
Laubacher Str.
Bundesallee
Rheinstr.
Feuerbachstr.
Walther-Schreiber-Pl.
Birkbuschstr.
Breite Str.
Lepsiusstr.
Carstennstr.
Schottmüllerstr.
Dahlemer Weg
Laehr-Park
Osdorfer Str.
Parallelstr.
Oberhofer Weg
Morgensternstr.
Königsberger Str.
Wilhelmstr.
Leonorenstr.
Halskestr.
Seydlitzstr.
Gärtnerstr.
Schütte-Lanz-Str.
Geraer Weg
Brauerstr.
Ringstr.
Kadettenweg
Tietzenweg
1
2
3
4
5

Alt-Niederländer. Franzosen: *Jan van Eyck,* **Maria mit dem Kind in der Kirche, *Bildnis des Giovanni Arnolfini, *Bildnis des Baudouin de Lannoy; *Rogier van der Weyden,* Johannes-Altar, *Middelburger Altar, Miraflores-Altar, *Junge Frau mit Flügelhaube; *Petrus Christus,* *Bildnis eines jungen Mädchens; *Dieric Bouts,* Christus im Hause Simons; *Aelbert van Ouwater,* Auferweckung des Lazarus; *Geertgen tot Sint Jans,* Johannes der Täufer; *Hugo van der Goes,* Anbetung der Hirten, **Anbetung der Könige (Monforte-Altar); *Hans Memling,* Thronende Maria mit dem Kinde; *Jan Gossaert,* Christus am Ölberg; *Hieronymus Bosch,* Johannes auf Patmos; *Quinten Massys,* Thronende Maria; *Joachim Patenier,* Ruhe auf der Flucht; *Anthonis Mor,* Bildnis der Margarethe von Parma; *Pieter Bruegel d. Ä.,* *Die Niederländischen Sprichwörter (1559); Zwei angekettete Affen (1562); *Jean Fouquet,* *Estienne Chevalier; *Simon Marmion,* *Zwei Altarflügel mit Szenen aus dem Leben des Hl. Bertin.

Italiener: *Ugolino di Neri,* Hl. Petrus, Paulus, Johannes (Tafeln vom Hochaltar v. S. Croce, Florenz); *Giotto,* *Tod Mariae; *Taddeo Gaddi,* Zwei Tafeln von Sakristeimöbeln (Ausgießung des Hl. Geistes, Wunder des Hl. Franziskus), Flügelaltärchen mit thron. Madonna (1334); *Bernardo Daddi,* Flügelaltärchen mit Krönung Mariae; *Simone Martini,* *Grablegung Christi; *Gentile da Fabriano,* *Maria mit Kind und Heiligen; *Masaccio,* *Anbetung der Könige (Predella); *Fra Angelico,* Flügelaltar mit Jüngstem Gericht; *Domenico Veneziano,* *Anbetung der Könige; *Piero della Francesca,* Hl. Hieronymus (1450); *Sassetta,* Maria mit Kind; *Andrea del Castagno,* Mariae Himmelfahrt; *Fra Filippo Lippi,* **Maria, das Kind verehrend; *Antonio del Pollaiuolo,* *Profilbildnis einer jungen Frau; *David als Sieger; *Verrochio,* Maria mit Kind; *Botticelli,* *Maria mit Kind und singenden Engeln, Thronende Madonna mit den beiden Johannes, *Hl. Sebastian; *Piero di Cosimo,* Venus, Mars und Amor; *Signorelli,* Bildnis eines älteren Mannes; *Raffael,* **Madonna Terranuova, vier weitere Madonnenbilder aus der Frühzeit; *Bronzino,* *Bildnis des Ugolino Martelli; *Rosso Fiorentino,* Bildnis eines jungen Mannes; *Mantegna,* **Maria mit dem schlaf. Kind, *Darstellung im Tempel; *Ercole de'Roberti,* Johannes der Täufer; *Giovanni Bellini,* **Der tote Christus mit Engeln, Auferstehung Christi; *Cima,* Der hl. Markus heilt Anianus; *Carpaccio,* *Grabbereitung Christi; *Crivelli,* Thronende Maria mit den Heiligen; *Antonello da Messina,* Zwei männliche Bildnisse; *Giorgione,* *Bildnis eines jungen Mannes; *Sebastiano del Piombo,* *Bildnis einer jungen Römerin; *Lorenzo Lotto,* Christi Abschied von seiner Mutter (1521); drei männliche Bildnisse; *Corregio,* *Leda mit Schwan; *Tizian,* *Clarissa Strozzi, *Mädchen mit Fruchtschale, Selbstbildnis, Venus mit dem Orgelspieler; *Moroni,* Bildnis des Herzogs von Albuquerque (1560); *Tintoretto,* Madonna auf der Mondsichel.

Flamen: *Peter Paul Rubens,* Hl. Sebastian, Perseus befreit Andromeda, *Andromeda, Landschaft mit Kühen und Entenjägern, *Hl. Cäcilie, Bildnis der Isabella Brant, *Kind mit Vogel, mehrere Skizzen; *Anthonis van Dyck,* Bildnis der Marchesa Geronima Spinola, *Bildnis eines Genuesen und einer Genuesin; *Adriaen Brouwer,* zwei Landschaften; *Cornelis de Vos,* Die Kinder des Malers; *Frans Snyders,* *Stilleben mit Früchtekorb.

Spanier: *Velazquez,* Bildnis einer Dame; *Zurbaran,* Bildnis des Alonso Verdugo de Albornoz; *Murillo,* Taufe Christi.

Holländer: *Franz Hals,* *Malle Babbe, Singender Knabe mit Flöte, Bildnis der Catharina Hooft mit ihrer Amme; *Salomon van Ruisdael,* Holländische Flachlandschaft mit Reitern und einer Viehherde, Flußlandschaft mit Segelbooten; *Jan van Goyen,* Ansichten von Arnhem und Nijmegen; *Herkules Seghers,* zwei Ansichten von Rhenen; *Jacob van Ruisdael,* Ansicht von Haarlem, Eichenwald an einem See mit Wasserrosen; *Meindert Hobbema,* Weg zwischen Baumgruppen und Gehöften; *Philips Koninck,* Holländische Flachlandschaft; *Adriaen van de Velde,* Die Farm; *Jan*

Steen, *Der Wirtshausgarten, Die Kindtaufe; *Jan Vermeer van Delft,* *Herr und Dame beim Wein, *Die Dame mit Perlenhalsband; *Pieter de Hooch,* *Die Mutter, Die Goldwägerin; *Willem Kalf,* zwei Stilleben; *Gerard ter Borch,* *Das Konzert, 'Die väterliche Ermahnung', Die Familie des Schleifers; *Gabriel Metsu,* Die Kranke, Die Familie des Bürgermeisters Dr. Gillis Valckenier; *Rembrandt* (mit 21 Werken eine der umfassendsten Sammlungen der Welt), zwei Selbstbildnisse der Frühzeit, Rembrandts Gattin Saskia (1643), Bildnis der *Hendrickje Stoffels, **Der Mennonitenprediger Anslo und seine Frau (1641), Predigt Johannes des Täufers (1636), **Susanna und die beiden Alten (1647), Moses zerschmettert die Gesetzestafeln, Jacob ringt mit dem Engel, Joseph und Potiphars Frau; *Rembrandts Umkreis,* **Der Mann mit dem Goldhelm.

Franzosen des 17./18. Jahrhunderts: *Georges de La Tour,* *Essendes Bauernpaar; *Nicolas Poussin,* Jupiter als Kind von der Ziege Amalthea genährt, Helios und Phaeton mit Saturnus und den vier Jahreszeiten, *Landschaft aus der römischen Campagna mit Matthäus und dem Engel; *Claude Lorrain,* Italienische Küstenlandschaft im Morgenlicht; *Watteau,* Gesellschaft im Freien, Die französische Komödie, Die italienische Komödie, *Der Tanz; *Chardin,* Der Zeichner; *Antoine Pesne,* Bildnis des Malers mit seinen Töchtern, Bildnis Friedrichs des Großen als Kronprinz; *Largillière,* Der Bildhauer Nicolas Coustou; *Boucher,* Venus und Amor, zwei Landschaften.

Italiener des Barock: *Caravaggio,* **Amor als Sieger; *Giov. Battista Caracciolo,* Die hll. Cosmas und Damian; *Orazio Gentileschi,* David; *Annibale Carracci,* *Römische Flußlandschaft; *Ludovico Carracci,* Christus von Engeln bedient; *Guercino,* Verlobung der hl. Katharina; *Gioacchino Assereto,* Alexander und Diogenes; *Bernardo Strozzi,* Salome mit dem Haupt Johannes des Täufers; Toskanisch (um 1645), Bildnis des Alessandro del Borro; *Luca Giordano,* *Hl. Michael; *Francesco Solimena,* Rosenkranzmadonna; *Gius. M. Crespi,* Geburt des Arkas; *Sebastiano Ricci,* Bathseba im Bade; *Giov. Batt. Tiepolo,* *Martyrium der hl. Agathe, Kreuztragung, Rinaldo und Armida, Rinaldos Abschied; *Francesco Guardi,* *Der Aufstieg eines Luftballons; *Canaletto,* Campo di Rialto, Der Canal Grande mit dem Palazzo Foscari; *Giov. Paolo Panini,* Die Ausfahrt des Duc de Choiseul auf dem Petersplatz in Rom (1754).

Deutsche des 17./18. Jh.: *Adam Elsheimer,* Hl. Familie mit Engeln; *J. Liss,* Verzükkung des Hl. Paulus; *Chodowiecki,* Zwei Wochenstuben; *J. H. Tischbein,* Der Künstler mit Frau u. a.

Engländer des 18. Jhs.: *Gainsborough,* Bildnis einer alten Dame, Die Marsham-Kinder; *Raeburn,* Bildnis Mrs. Hart; *Hoppner,* John Jeffreys Pratt; *Lawrence,* Die Angerstein-Kinder; *Reynolds,* George Clive und seine Familie.

Das ***Kupferstichkabinett** (Öffnungszeiten s. S. 9) ist mit 25 000 Handzeichnungen des 15.–18. Jhs., 350 000 Blättern Druckgraphik des 15.–20. Jhs. und rd. 5000 illustrierten Büchern heute eine der größten Sammlungen dieser Art in Europa. Von 1848 bis zum 2. Weltkrieg im Neuen Museum auf der Museumsinsel beheimatet, sind die Sammlungen zur Zeit provisorisch im zweiten Obergeschoß des Nordostflügels im Museum Dahlem untergebracht. Ein Neubau ist im südlichen Tiergarten geplant.

Das Kupferstichkabinett wurde 1831 auf Anregung Wilhelm v. Humboldts gegründet; schon 1835 erhielt es durch den Ankauf der umfangreichen und kostbaren Sammlungen des Generalpostmeisters v. Nagler weltweite Bedeutung. Weitere große Privatsammlungen konnten angekauft werden: Pacetti (1843), Suermondt (1874), Posonyi (1877) mit allein 40 Dürer-Zeichnungen, Herzog von Hamilton (1882) mit den einzigartigen Beständen miniaturengeschmückter Handschriften und v. Bekkerath (1902). Die Berliner Rembrandt-Sammlung ist die umfangreichste der Welt, die Sammlung von Zeichnungen und Druckgraphik Dürers durch ihre Mannigfaltigkeit schlechthin unvergleichbar. Ein besonderer Schatz ist auch die Sammlung der mit Originalholzschnitten illustrierten Bücher des 15. bis 16. Jahrhunderts. Die 1937 infolge der Nazi-Aktion 'Entartete Kunst' reduzierte Druckgraphik des 20. Jhs. wurde in den letzten Jahren durch Ankäufe weitgehend ergänzt und bis in die Gegenwart weitergeführt. Der wertvolle Hauptbestand – die sog. I. Garnitur der Sammlung, d. h. etwa 80% – kehrte 1957 aus der westdeutschen Verlagerung nach West-Berlin zurück, während die 1945 nach der UdSSR abgeführten, größtenteils weniger kostbaren Bestände (II. Garnitur) 1958/59 nach Ost-Berlin zurückgegeben wurden. Im Studiensaal des Kupferstichkabinetts werden den Besuchern auf Wunsch Originale vorgelegt. Hier kann auch die umfassende Handbibliothek mit Spezialliteratur über alle graphischen Künste Europas eingesehen werden. In den Sonderausstellungsräumen werden etwa viermal im Jahr wechselnd Ausschnitte aus der Sammlung gezeigt.

Zeichnungen alter Meister (14.–18. Jh.): ca. 25 000 Einzelblätter. Hervorzuheben ist die einzigartig reiche Sammlung der altdeutschen Schule, u. a. *Dürer, Grünewald, Holbein, Altdorfer, Cranach.* Ferner die ebenfalls besonders gut vertretene niederländische Schule (u. a. *Pieter Bruegel, Rembrandt, Rubens).* In der italienischen Schule ist besonders die Frühzeit (15. Jh.) reich vertreten (u. a. *Botticelli* mit 27 Silberstiftzeichnungen zu Dantes Göttlicher Komödie). Unter den französischen Zeichnungen befinden sich einzigartige Meisterwerke von *Fouquet* und *Watteau.*

Druckgraphik (15.–20. Jh., Holzschnitte, Kupferstiche, Radierungen, Lithographien): ca. 350 000 Einzelblätter. Hervorzuheben sind die Sammlung früher Einblattholzschnitte des 15. Jhs., die Werke von *Schongauer, Dürer, Rembrandt, Goya* und *Toulouse-Lautrec.* Unter der modernen Druckgraphik sind die Namen *Kirchner, Heckel, Beckmann, Picasso, Albers, Giacometti* und *Kelly* zu nennen.

Illustrierte Bücher: Unter den Werken mit Originalgraphik des 15.–16. Jhs. befinden sich seltene Kostbarkeiten wie der 'Ackermann von Böhmen' (1461), *Sebastian Brants* 'Narrenschiff' (1494) und 'Der Ritter von Thurn' (1493) mit Holschnitten von *Dürer;* das italienische Traumbuch der 'Hypnerotomachia des Polifilus' (Venedig 1499). Eine Sammlung moderner Bücher mit Originalgraphik ist im Aufbau begriffen.

Mittelalterliche Handschriften (11.–16. Jh.): Unter den 104 kostbaren Werken u. a. das Gebetbuch der *Maria von Burgund* (ca. 1480) sowie über 400 Einzelminiaturen (12.–15. Jh.).

Skizzen-, Wappen- und Stammbücher (16.–18. Jh.)

Die ***Skulpturengalerie** (Öffnungszeiten s. S. 9) umfaßt mit rd. 3500 Objekten etwa zwei Drittel des ursprünglichen Bestandes, der zum Teil im Krieg verlorenging, zum Teil im Bode-Museum in Ost-Berlin ausgestellt ist. Die seit 1966 in neuen Räumen nach modernsten musealen Gesichtspunkten aufgebaute und 1973 nach Hinzunahme weiterer Räume noch einmal umgeordnete Sammlung zeigt Meisterwerke der abendländischen Skulptur von der christlichen Spätantike bis ins 19. Jahrhundert.

Die Galerie gliedert sich in folgende Sammelgebiete: Frühchristlich-Byzantinische Sammlung – Nordalpine Kunst von 800–1800 – Italien – 19. Jahrhundert. Besonders reich vertreten ist die Skulptur der deutschen Spätgotik und der italienischen Renaissance.

Die Sammlung der abendländischen Skulpturen war ursprünglich ein Teil der seit 1830 im Alten Museum beheimateten Antikenabteilung. Ihren Grundstock bildeten zwei 1828 und 1840 erworbene Privatsammlungen italienischer Skulpturen. Systematisch ausgebaut wurde sie seit 1872 durch Wilhelm v. Bode, der ein repräsentatives Ensemble von Meisterwerken europäischer Plastik vom 3. bis ins 18. Jh. aufbaute. Im frühchristlich-byzantinischen Bereich enthält sie auch Malerei, Kunsthandwerk und Textilien. 1875 wurde die Kleinplastik der königl. Kunstkammer übernommen und 1883 schließlich die Abteilung der Bildwerke der christlichen Epochen von der Antikenabteilung getrennt. Im Jahre 1904 fand sie im Kaiser-Friedrich-Museum Aufstellung, 1930 wurden die deutschen, niederländischen, französischen und englischen Skulpturen in das Deutsche Museum übergeführt. Verluste im 2. Weltkrieg, die vor allem die italienischen Bestände betrafen, konnten den Wert der Sammlungen im ganzen nicht beeinträchtigen. Seit 1950 wurde der Bestand durch zahlreiche Neuerwerbungen erweitert.

Die **Frühchristlich-Byzantinische Sammlung** enthält großformatige Steinplastik, Elfenbein- und Holzschnitzwerke, Bronzegeräte, Ikonen, Gläser, Stoffe und Goldschmuck vom 3. bis in das 17./18. Jh. Hervorzuheben sind: Koptische z. T. bemalte Steinbildwerke, 3./4. Jh. und das Konstantinopler *Thronrelief, 4./5. Jh. – Frühchristliche und byzantinische Elfenbeinbildwerke, 4.–13. Jh., darunter die **Berliner Pyxis* aus Trier, 4. Jh.; Diptychon mit Christus und Maria, 6. Jh. – Byz. und russische Ikonen, 11.–18. Jh., darunter die Mosaik-Ikone **Christus der Erbarmer,* 11./12. Jh., und die Ikonostase, Zypern 1760.

Nordalpine Bildwerke 800–1800. Die Sammlung enthält Groß- und Kleinplastik in Holz, Stein, Ton und Bronze von 1000 bis 1800, vornehmlich aus Deutschland und Frankreich, Elfenbeinbildwerke von der karolingischen Zeit (um 800) an. Hervorzuheben sind: **Elfenbeinreliefs der Majestas Domini 9./10. Jh.,* des Thomas und Moses, Trier Anf. 11. Jh.; Engel der Auferstehung, Köln um 1170, bemalte Holzfigur; Klagende Maria, Naumburg um 1230, gefaßte Eichenholzfigur; **Christus-Johannes-*

Gruppe aus Sigmaringen um 1320; Kreuztragung aus Lorch a. Rhein, Tongruppe um 1425; *Hans Multscher,* hl. Maria Magdalena, gegen 1430; *Niclaus Gerhaert von Leiden,* *Muttergottes aus Dangolsheim um 1460. – Skulpturen der Dürerzeit, u. a. **Riemenschneider,* Vier Evangelisten vom Münnerstädter Altar; *Michel Erhart,* *Schutzmantel-Maria aus Ravensburg; *Leinberger,* Bronzemadonna; ferner Werke von Lederer, Adam Krafft, Douvermann, Brüggemann, Kleinplastik von H. Weiditz, C. Meit, P. Vischer, L. Krug, Hans Schwarz, Loy Hering, P. Dell, Schweigger, L. Kern. – Deutsche Barockplastik, darunter: *Hll. Sebastian und Florian aus Wasserburg am Inn von *Martin Zürn,* Apollo-Figur von *L. Münstermann;* *Maria um 1730/40 von *J. A. Feuchtmayr;* Figuren von G. Petel, I. Günther, Ferd. Dietz, Georg Dirr, Bened. Witz, J. W. v. d. Auvera, J. P. Wagner, G. R. Donner, J. C. L. Lücke u. a. – Französische Skulpturen des 17. und 18. Jhs., darunter: Marmorbüste des Ph. v. Stosch von *Ed. Bouchardon,* 1727 entstanden, und Marmorbüste der Dorothea Schlözer von *J. A. Houdon.*

Die **Italienische Sammlung** enthält Großplastik in Stein, Holz und Ton von 1100 bis 1800, Bronzeplastik der Renaissance und des Barock, Plaketten und Medaillen, Elfenbeinbildwerke und andere Kleinplastik in Holz, Stein und Ton vom 15. bis zum 18. Jh. Hervorzuheben sind: Die lebensgroße, gefaßte *Madonna des Presbyter *Martinus* von 1199; – Gotische Marmorskulpturen von Giovanni Pisano und anderen. – Renaissanceplastik; darunter: *Donatello,* *Madonna Pazzi von 1423, Marmorrelief; F. di Valdambrino, Verkündigungsmaria um 1410, gefaßte Holzstatue; Terracottamadonnen von *Luca und Andrea della Robbia;* Marmorbüsten von *Desiderio da Settignano,* u. a. die der *Marietta Strozzi; Werke von Rossellino, Mino da Fiesole, Verrocchio, Benedetto da Maiano, Sansovino; *A. Vittoria,* Marmorbüste des Ott. Grimani; *T. Landini,* Bronzebüsten der Päpste Gregor XIII. und Sixtus V.; *Giov. Bologna,* hockender Affe, Mars; Kleinbronzen von Bellano, Riccio, Antico, Lombardi, Roccatagliata, Sant'Agata, Olivieri, Aspetti, Bologna u. a. – Barockplastik; darunter: Putto mit Delphin von *Bernini;* *Marmorstatue der Diana von *Cametti* und *Büste des Zacchia von *Algardi;* barocke Bronzen und Tonbozzetti. Hauptwerk der Spätzeit ist die monumentale *Tänzerin von *Canova.*

Die **Sammlung des 19. Jahrhunderts** enthält Werke von deutschen (vor allem Berliner) und französischen Bildhauern, insbesondere von *Schadow, Rauch* und *Carrier-Belleuse.* Hervorzuheben die monumentale Marmorgruppe Amor und Psyche von *R. Begas.* Einige Bronzen sind im Binnenhof und im Vorgarten des Museums aufgestellt (s. S. 26).

Das ****Museum für Völkerkunde** (Öffnungszeiten s. S. 9) steht mit fast 393 000 Ethnographica und 60 000 musikethnologischen Tonaufnahmen aus allen Teilen der Erde an Umfang und wissenschaftlichem Wert an führender Stelle in Europa. Von dem Gesamtbesitz kann nur ein repräsentativer Ausschnitt gezeigt werden. Die Bestände gliedern sich in die Abteilungen Südsee, Afrika, Amerikanische Archäologie, Amerikanische Naturvölker, Westasien, Südasien, Ostasien, Europa, Musikethnologie, Junior- und Blindenmuseum.

Das Museum entstand 1829 als 'Ethnographische Sammlung' aus der kgl. preuß. Kunstkammer, die auch Stücke aus der Kurfürstenzeit enthielt, und bekam, 1873 selbständig geworden, einen heute zerstörten Neubau in Kreuzberg, in dem es, räumlich beengt, bis Kriegsende blieb. Der 1912 begonnene, nur in Teilen fertiggestellte Neubau in Dahlem nahm 1924 die 'Studiensammlung' auf. Nach Kriegsende zog das Museum für Völkerkunde, das zum Teil schwere Verluste erlitten hat, in seinen Dahlemer Bau, den es sich seither mit anderen Sammlungen der Staatlichen Museen Preußischer Kulturbesitz teilen muß. Der 1970 abgeschlossene An- und Erweiterungsbau des Museums ermöglicht heute eine repräsentative Darbietung des Bestandes der Abteilungen Afrika, Südsee, Amerikanische Archäologie, Ostasien und Südasien. Die übrigen Abteilungen werden erst Dauerausstellungen einrichten können, wenn die Museen für europäische Kunst ihr neues Domizil im Tiergarten bezogen haben; die Zwischenzeit müssen sie mit Sonderausstellungen überbrücken. Insbesondere die Abteilungen Alt-Amerika und Südsee beeindrucken durch ihre wirkungsvolle Neuaufstellung. Anziehungspunkt ist vor allem die Südsee-Abteilung mit der **Bootshalle* und den originalen Häusern aus Neuguinea, Belau und Neuseeland.

Afrika. Vorläufig nur Nord- und Westafrika. Hervorzuheben sind die ***Terrakotten aus Ife* (Westnigeria), Köpfe und Bruchstücke größerer Bildwerke des 10.–13. Jhs. sowie die ***Bronzen aus Benin* (Nigeria), die infolge der Einnahme der Stadt 1897 durch die Briten nach Europa gelangten. Darunter der *Kopf einer Königinmutter (16. Jh.),* Figurengruppen und Köpfe für die Ahnenaltäre sowie Elfenbeinschnitzereien. Bedeutend auch eine Sammlung aus dem Grasland von Kamerun, darunter der berühmte *Perlenthron und zwei Königsstühle der Bekom* mit dem überlebensgroßen Stammelternpaar sowie alte Masken und Plastiken aus dem gesamten westafrikanischen Sudan- und Oberguineabereich.

Südsee. In den reichhaltigen Sammlungen aus Ozeanien (Neuguinea, Melanesien, Polynesien und Mikronesien) und Australien sind alle wesentlichen Kulturprovinzen dieser Region in Qualität und Quantität gut vertreten. Als besonders bemerkenswert innerhalb dieser 'Kulturkunde' aus voreuropäischer Zeit gelten dabei die alten Sammlungen aus Polynesien und Mikronesien, vom Sepik und vom Papua-Golf sowie die reichen Bestände von NO-Neuguinea und aus dem Bismarck-Archipel, hierbei vor allem die umfangreiche Neuirland-Sammlung. Die bekanntesten Einzelstücke sind das **Symbol des hohen Gottes Ku-kaili-moku* und der **Königsumhang* ('Federmantel') von Hawaii, das **Zeremonial-Trauergewand von Tahiti,* das **Bildnis der Gottheit Sope von Nukuoro* und – als besondere Anziehungspunkte – die ausgestellten Original-Boote und -Häuser aus der Südsee.

Amerikanische Archäologie. Den Schwerpunkt bilden Altertümer der vorspanischen Hochkulturen Mexikos, Zentralamerikas und Perus. Hervorzuheben: Die **Goldkammer* mit Objekten aus Kolumbien, Costa Rica und Peru. Ferner: Einmalige Sammlungen von Großsteinplastiken aus Cozumalhuapa (Guatemala): aztekische

**Opferblutschale:* vielgestaltige Keramiken und Gewebe aus Alt-Peru (vom 4. Jh. vor Chr. bis 1532 nach Chr.).

Ostasien. Die Abteilung umfaßt Nord-, Ost- und Zentralasien. Hervorzuheben: **Guanyin,* Göttin der Barmherzigkeit, bemalte Holzfigur der Sung-Zeit (960–1280); zwei *Jünger Buddhas,* bemalte Holzplastiken der Ming-Zeit (1368 bis 1644); **Grabbeigaben* aus Keramik (meist Tang-Zeit, 618–906 n. Chr.) und aus Bronze (z. B. Zhou-Zeit, 1122 v. Chr. –255 n. Chr.); *Mongolei-Ausstellung.*

Südasien. Sammlungen aus Indien, Hinterindien und Indonesien. Ausstellungsschwerpunkte sind: **Masken-, Marionetten-* und *Schattenspiel* aus Süd- und Südostasien; Kult- und Gebrauchsgegenstände, Textilien, Waffen aus Indonesien. Ständig kleine Sonderausstellungen.

Musikethnologie. Noch keine Schausammlung; Abhörmöglichkeit von traditioneller Musik aus aller Welt mit der in der Wandelhalle aufgestellten Phonothek (Kopfhörer).

Junior-Museum. In der Regel jährlich eine Sonderausstellung mit völkerkundlichen Themen für Schulkinder und Jugendliche mit schriftlichem Begleitmaterial. In den didaktisch ausgerichteten Ausstellungen erhalten die Schüler altersgerechte Führungen. Das Ziel dieser Art von museumspädagogischer Arbeit ist es, den Kindern die verschiedenen Aspekte fremder Kulturen, die Gebräuche und Sitten anders lebender Menschen leicht verständlich zu machen.

Blinden-Museum. Ausgestellt werden halb- oder vollplastische Kunst- und Gebrauchsgegenstände außereuropäischer Völker im Original, die durch Ertasten gut wahrnehmbar sind. Die Beschriftungen der Gegenstände und ausführliche schriftliche Begleitinformationen erfolgen in Brailleschrift; außerdem gibt es Führungen und Tonbandführungen.

Das ***Museum für Indische Kunst** (Öffnungszeiten s. S. 9; Eingang Lansstraße) entstand 1963 durch Herauslösen der indischen Kunstsammlungen aus dem Völkerkundemuseum. Mit rd. 15 000 Objekten ist es die bedeutendste Sammlung indischer Kunst in Deutschland; sie umfaßt Werke aus Indien, Nepal und Tibet, Hinterindien, Indonesien und Zentralasien, die nach modernsten ausstellungstechnischen Gesichtspunkten und unter Verwendung besonderer Beleuchtungseffekte in einer Auswahl präsentiert werden.

Beachtlich sind die **Gandhara-Bildwerke* aus dem 1.–5. Jh. n. Chr.: Griechisch-buddhistische Steinreliefs und Plastiken in Stuck aus Klöstern und Kapellen der alten Landschaft Gandhara an der afghanischen Grenze. Sie zeigen in ihrer Formgebung die Abhängigkeit von der hellenistischen Kunst, die unter den Nachfolgeherrschern Alexanders des Großen weit nach Osten ausstrahlte.

Einzigartig ist die umfangreiche ***Turfan-Sammlung:* Wandmalereien, Plastiken verschiedenen Materials, Kleinfunde und Handschriften, die auf vier Expeditionen zwischen 1902 und 1914 aus buddhistischen Höhlen- und Freibautempeln in Chinesisch-Turkistan geborgen wurden: nach der Oase von Turfan benannt, die die Expeditionen als erste berührten. Die Blütezeit dieser an den Oasen der nördlichen Seidenstraße gelegenen Kunst ist das 5.–10. Jh. n. Chr. Sie könnte als Bindeglied zwischen der Gandhara-Kunst und der frühen ostasiatischen Kunst betrachtet werden.

Hervorzuheben ist die älteste bekannte *Bronze des Gottes Vishnu,* eine Arbeit des 7. Jhs. n. Chr., aus dem Swat-Tal (Pakistan); *Steinskulptur des Hari-Hara,* einer Darstellung der Götter Vishnu und Shiva in einer Gestalt. Kashmir, 10. Jh. n. Chr.

Das ***Museum für Islamische Kunst** (Öffnungszeiten s. S. 9; Eingang Lansstraße) wurde 1904 von Wilhelm von Bode gegründet und entwickelte sich unter seinem ersten Direktor, Friedrich Sarre, rasch zum führenden Museum Islamischer Kunst außerhalb dieses Kulturbereichs. Durch den 2. Weltkrieg wurde die Sammlung geteilt. Der Kern befindet sich im Islamischen Museum auf der Museumsinsel in Ost-Berlin. Nach West-Berlin gelangten die nach Kriegsausbruch nach Westen verlagerten Teile der Sammlung, insbesondere Werke der Kleinkunst. Seit 1958 konnte der Bestand durch Neuerwerbungen so bereichert werden, daß das Museum heute wieder zu den bedeutendsten islamischen Sammlungen der Welt zählt. Die jetzige Ausstellung wurde 1971 eröffnet.

Herausragend unter den 680 ausgestellten Objekten sind die zahlreichen Teppiche des 15.–18. Jhs. Unter den neuerworbenen Architekturelementen sind zu nennen: eine *Gebetsnische* aus dem 16. Jh. (Iran) mit zwei langen Schriftbändern, in Fayencemosaik ausgeführt; die um 1320 zu datierende *Holzkuppel aus der Alhambra in Granada,* ein *persisches Deckengemälde* (1846) mit religiöser Ikonographie (vor dem Eingang aufgehängt) und zwei *iranische Steinwangen* des 14. Jhs.
Die Sammlung ist weitgehend chronologisch aufgebaut. Ausgenommen davon ist ein Einführungsteil mit charakteristischen Stücken aus verschiedenen Ländern und Epochen (8.–18. Jh.), darunter ein *Prachtkoran* aus der Türkei (16. Jh.), ein *Gartenteppich* (Iran, 18. Jh.), eine große *Weltkarte aus Indien* (18. Jh.) und zahlreiche Schriftdenkmäler sowie je eine Vitrine mit Kunst der Moschee und Kunst des Hofes.

Die Reihenfolge der Vitrinen 3 bis 32 folgt dem Gang der islamischen Kunstgeschichte, mit Ausnahme der Vitrinen 3 bis 6, die Kunstwerke der vorislamischen Epochen bergen: aus Südarabien, aus dem Iran und Syrien zur Zeit des Partherreichs und aus dem Iran und Mesopotamien zur Zeit des sassanidischen Weltreichs. Hier ist vor allem die *silberne Jagdschale* (Nr. 100) zu nennen. In der Vitrine 7 ist Kunst aus der Omayyadenzeit versammelt (660–750 n. Chr.). Die Vitrinen 7–12 enthalten Beispiele aus den Ländern des abbasidischen Kalifats (750 bis zum 12. Jh.), darunter Funde aus der Ausgrabung des Museums in einer von dessen Hauptstädten, Samarra. Die Kunst der tulunidischen Herrscher Ägyptens und der darauf folgenden Fatimiden sowie der gleichzeitigen Elfenbeinarbeiten Süditaliens und Siziliens sind in den Vitrinen 13 bis 14 zu finden. Die kleine Vitrine 16 birgt Beispiele spanisch-islamischer Kunst und Werke christlicher Auftraggeber. Es folgen vier Vitrinen mit Kunstwerken aus dem Iran, dem Irak, der Türkei und Syrien während der Seldschukenzeit (11. bis 13. Jh.); hier ist das signierte *Waschgeschirr* (Nr. 378) aus Mossul, Mitte 13. Jh., hervorzuheben. Drei Vitrinen sind der Kunst der mongolischen Il-Khane und Timuriden (Iran, Irak, Afghanistan, Transoxanien, 13.–14. Jh.) gewidmet; hierunter vorzügliche Beispiele von Fliesen, u. a. aus der Grabung des Deutschen Archäologischen Instituts auf dem Takht-i Sulaiman in Nordwest-Persien. Die Vitrinen 25 und 26 enthalten kostbare Beispiele der ayyubidischen und mamlukischen Zeit Ägyptens und Syriens (12.–16. Jh.), vor allem die *Glasflasche mit der Darstellung von Poloreitern* (Nr. 515) und zwei *Moscheeampeln* (Nr. 537/38). Die Vitrinen 27, 28 und die Hälfte

von 29 sind der osmanischen Zeit der Türkei gewidmet. Hier ist die Moscheeampel aus Keramik zu erwähnen, die die Nr. 575 trägt. Die folgenden Vitrinen zeigen Kunst der Safavidenherrscher des Irans und der Mogulkaiser Indiens. Besonders ist eine eigene Vitrine mit zwei Miniaturen aus einem “Buch der Könige” hervorzuheben, das für Schah Tahmasp um 1530 in Tabriz (Iran) geschrieben und gemalt worden ist. Sie bilden einen der Höhepunkte der islamischen Buchmalerei.
Unter den Teppichen sind der großgemusterte *Holbein-Teppich* (Nr. 585, Türkei, 16. Jh.), der *Lotto-Teppich* (Nr. 584, Türkei, 16. Jh.), die beiden *Vasen-Teppichfragmente* (Nr. 633, 677, beide persisch, 17. Jh), der *Tier-Teppich mit Medaillon* (Nr. 636, Persien, 16. Jh.) und ein seltener *Mogul-Teppich* des 17. Jhs. hervorzuheben (Nr. 678).

Das **Museum für Ostasiatische Kunst** (Öffnungszeiten s. S. 9; Eingang Lansstraße), dessen jetzige Ausstellungsräume 1970 im Neubau der Dahlemer Museen eröffnet wurden, besitzt und sammelt Kunstwerke aus China, Korea und Japan. Einige Bereiche wie etwa Skulpturen, Textilien und Jadearbeiten wurden durch schwere Kriegsverluste dezimiert, doch hat das Museum dank seiner ausgezeichneten *chinesischen und japanischen Bilder und Farbholzschnitte* internationalen Rang.
Aus dem Altbestand ist besonders erwähnenswert eine ca. 75 Objekte umfassende Gruppe koreanischer und japanischer Teekeramiken; die meisten anderen Keramiken und Porzellane aus China, Korea und Japan wurden nach dem Krieg angekauft. Zu den wichtigsten Erwerbungen seit 1957 (Neuaufnahme der Sammeltätigkeit nach Kriegsende) gehören u. a. eine chinesische *Zeremonialaxt* des 12./11. Jhs. v. Chr., ein Komplex von 63 chinesischen *Bronzespiegeln* vom 6. Jh. v. Chr. bis 9. Jh. n. Chr., ein einzigartiger chinesischer *Kaiserthron* des 17. Jhs. mit zugehörigem Paravent, geschmückt mit feinsten Perlmutteinlagen und Farblackmalereien, eine japanische *Bronzestatuette des Schutzgottes Zao Gongen* aus dem 12. Jh. sowie eine Reihe moderner japanischer Lackarbeiten, in verschiedenen Techniken.

Im Anschluß an die Museumsbauten entstand seit 1967 eine Reihe neuer Institute der **Freien Universität** (s. unten). Westlich auf dem ehemaligen Obstanbaugelände der Technischen Universität erstreckt sich netzartig ein ganzer Komplex pavillonähnlicher, durch innere Verkehrswege erschlossener und durch mobile Trennwände gegliederter *Institutsbauten für die Geisteswissenschaften,* die auf einen preisgekrönten Wettbewerbsentwurf der Pariser Architekten Candilis, Josic und Woods zurückgehen. Der 1. Bauabschnitt (1967–72) an der Habelschwerdter Allee wurde dank seiner braunen Corten-Stahl-Fassade rasch unter dem Namen ‘Rostlaube’ bekannt. Der 2. Bauabschnitt (1972–79) erhielt eine Außenhaut aus Aluminium. Weitere Institute befinden sich noch im Bau. Gegenüber, Habelschwerdter Allee 30, das neue *Philosophische Institut* der FU, 1983 von Hinrich und Inken Baller in freien Formen erbaut.

Südlich und östlich der Museen entstanden verschiedene naturwissenschaftliche Institute der FU: an der Arnimallee die *Physi-*

kalischen Institute von Henning Larsen (1976–81) sowie an der Takustraße das *Institut für Organische und Physikalische Chemie* von Kiemle, Kreidt u. a. (1975–78).

Der Kern der Freien Universität Berlin liegt südlich des U-Bahnhofs Thielplatz (Plan S. 28/29; D2), der inmitten einer langgestreckten Parkanlage, dem *Thielpark* mit dem Thielstein, einem Findling von etwa 1000 Zentnern Gewicht, angeordnet ist. Südlich des Bahnhofs steht am Parkrand die ev. *Jesus-Christus-Kirche,* ein Backsteinbau von 1931 (Jürgen Bachmann) mit 40 m hohem Turm. Vor der geschlossenen, fensterlosen Fassade eine überlebensgroße Christusfigur von Isenbeck (Abendmusiken).

Das Universitätsviertel entstand in unmittelbarer Nähe der *Institute der Max-Planck-Gesellschaft,* einer Nachfolgeeinrichtung der 1911 in Berlin gegründeten 'Kaiser-Wilhelm-Gesellschaft zur Förderung der Wissenschaften', die ab 1911 hier auf damals freiem Feld ihre Bauten errichtet hatte. Ferner befinden sich hier an der Thielallee, am Corrensplatz und Unter den Eichen verschiedene Institute des *Bundesgesundheitsamtes*.

In der Kaiserswerther Straße 16/18, Ecke Thielallee hat seit 1945 die *Alliierte Kommandantur* ihren Sitz. Das Haus, ein expressionistischer Klinkerbau, wurde 1926/27 von Heinrich Straumer für den Verband der öffentlichen Feuerversicherungsanstalten in Deutschland errichtet.

Die **Freie Universität Berlin** hat in Dahlem zwischen Grünanlagen und Villen einen günstigen Standort gefunden. Das Hauptgebäude, der *Henry-Ford-Bau,* wurde 1952–54 aus einer Spende der Henry-Ford-Stiftung von Franz Heinrich Sobotka und Gustav Müller erbaut. Es umfaßt das Auditorium Maximum mit 1300 Plätzen, mehrere Hörsäle und die Universitätsbibliothek mit Magazinturm.

Die Fachbereiche verteilen sich über ganz Dahlem, wo sie teilweise in Neubauten, teilweise in alten Villen untergebracht sind. Neubauten außerhalb Dahlems entstanden hauptsächlich im Bereich des Klinikwesens, so die Poliklinik für Zahn-, Mund- und Kieferkrankheiten in Wilmersdorf, das Klinikum in Steglitz mit den benachbarten Instituten, Neubauten im Klinikum Westend sowie die Tierkliniken in Düppel.

Die Freie Universität wurde am 4. Dezember 1948 als erste deutsche Nachkriegsuniversität gegründet. Sie entstand aus dem Protest von Professoren und Studenten gegen die zunehmende Einschränkung der akademischen Freiheit an der Humboldt-Universität in Ost-Berlin und an den Hochschulen Mitteldeutschlands. Erster Rektor war der Historiker Friedrich Meinecke († 1954). Die rasch aufblühende FU hat heute über 50000 Studierende, die sich auf 22 Fachbereiche, 5 Zentralinstitute und 8 Zentraleinrichtungen verteilen.

Dem Henry-Ford-Bau gegenüber steht vor dem ehem. Institut für Zellphysiologie, 1935/36 von der Rockefeller Foundation für die 'Kaiser-Wilhelm-Gesellschaft zur Förderung der Wissenschaften' errichtet und heute Gästehaus der Max-Planck-Gesellschaft, ein *Denkmal* für den Chemiker Emil Fischer († 1919) von Fritz Klimsch (Bronzenachguß von Richard Scheibe; 1952). Der 18 m hohe, runde Backsteinturm auf dem Gelände dahinter, bekannt als 'Turm der Blitze', wurde 1935/36 als sog. *Zyklotron,* Beschleuniger für elektrisch geladene Teilchen, errichtet und spielte damit eine wichtige Rolle in der Atomphysik. Außerdem gelang dem Physiker Peter Debye hier, im Kellergeschoß der Anlage, der experimentelle Nachweis der tiefsten jemals gemessenen Temperatur (minus 273 Grad Celsius). Der Bau war in dieser Doppelfunktion, der Anwendung höchster Spannung und tiefster Temperatur, damals einmalig in der Welt: er wird z. Z. für andere Zwecke im Innern umgebaut.

Am alten *Chemischen Institut,* Thielallee 63, erinnert eine *Gedenktafel* an die erste Uranspaltung, die Otto Hahn und Fritz Straßmann 1938 hier in Dahlem gelang.

Die Grenze zwischen Dahlem und dem Grunewald bildet die Clayallee. Nahe der Pücklerstraße, Bussardsteig 9, liegt direkt am Waldrand das ***Brücke-Museum** (Öffnungszeiten s. S. 9). Es wurde 1967 als neues Museum des Landes Berlin eröffnet. Der von Werner Düttmann für die Werke der expressionistischen Künstlergemeinschaft 'Die Brücke' (gegr. 1905 in Dresden) errichtete Flachbau entstand auf Anregung des Brücke-Malers Karl Schmidt-Rottluff, der einen großen Teil seines Lebenswerkes als Kern der Sammlung und einen erheblichen Beitrag zu den Baukosten stiftete. Unter den ausgestellten Gemälden, Aquarellen, Zeichnungen und Skulpturen entfällt der Hauptteil auf *Schmidt-Rottluff* und *Erich Heckel.* Von Brücke-Meistern sind außerdem vertreten: *Ernst Ludwig Kirchner, Otto Mueller* und *Max Pechstein.* Dazu kommen Werke der Künstler, die den Brücke-Malern stilistisch oder persönlich nahestanden: *Otto Herbig, Max Kaus, Emil Nolde, Emy Röder, Anton Kerschbaumer, Fritz Bleyl, Cuno Amiet, Walter Gramatté.* Das ehemalige Atelier des besonders von den Nationalsozialisten geförderten Bildhauers Arno Breker hinter dem Museum dient heute Bildhauern und Malern als Atelier. Vom Brücke-Museum gelangt man in 15 Min. durch den Wald zum Jagdschloß Grunewald.

Clayallee, Ecke Saargemünder Straße liegt das **US-Hauptquartier** (Plan S. 28/29; D2), dessen Gebäude 1936/37 als Luftgaukommando durch Ernst Sagebiel errichtet wurden. Gegenüber die amerikanische Kolonie mit der Truman Hall, dem 'Shopping Center' und der amerikanischen Kirche (für Protestanten und Katholiken).

Dahinter auf dem schönen ***Waldfriedhof Dahlem** ruhen u. a. *Gottfried Benn* († 1956, Arzt und Dichter), *Carl Correns* († 1933, Botaniker), *Adolf Erman* († 1937, Ägyptologe), *O. E. Hasse* († 1978, Schauspieler), *Karl Hofer* († 1955, Maler), *La Jana* († 1940, Tänzerin), *Erich Mühsam* († 1937 im KZ Oranienburg, Schriftsteller), *Bernd Rosemeyer* († 1938, Rennfahrer), *Heinrich Sahm* († 1939, Oberbürgermeister), *Karl Schmidt-Rottluff* († 1976, Maler), *Franz Schreker* († 1934, Komponist), *Renée Sintenis* († 1965, Bildhauerin), *Werner Sombart* († 1941, Nationalökonom).

Südlich der Argentinischen Allee in einem großen Waldgelände das *Oskar-Helene-Heim,* Deutschlands größte orthopädische Klinik, mit 400 Betten, Lehranstalt für Körperbehinderte, Schwimmbad und Sportplatz. Die Stifter des Heims, das jetzt Universitätsklinik ist, waren 1908 der Fabrikant Oskar Pintsch und seine Frau Helene. Clayallee Ecke Hüttenweg wurde ein Steubendenkmal errichtet. Von dort gelangt man über den Hüttenweg zum Jagdschloß Grunewald.

Das ***Jagdschloß Grunewald** (Plan S. 28/29; C1), ein kleiner, dreigeschossiger Bau mit zwei kurzen rückwärtigen Querflügeln, einem zweigeschossigen Vorbau und Treppenturm sowie einem großen, von Wirtschaftsgebäuden umschlossenen Hof, ist der einzige erhaltene Berliner Renaissancebau aus der Zeit Joachims II. Er wurde 1542 von Caspar Theyß errichtet; Wirtschaftsgebäude und Stallungen sind zum Teil 1593 von Rochus zu Lynar, zum Teil erst um 1770 erbaut. Im 16. Jh. stand das Wasser des Sees höher, und das Schloß war von einem Graben umgeben. Seine jetzige Gestalt erhielt es unter König Friedrich I. Anfang des 18. Jhs.; die Putzhaut wurde 1963 in der Form

und Farbe jener Zeit wiederhergestellt. Vom ersten Bau sind die Vorhalle mit der Bauinschrift von 1542 und der Treppenturm geblieben. Die Nachfolger Friedrichs d. Gr., Friedrich Wilhelm II. und III., benutzten es als idyllischen Ruhesitz. Prinz Karl nahm 1828 die alte jägerische Tradition mit seiner Roten Jagd am Hubertustag (3. Nov.) wieder auf; diese Tradition hielt sich bis 1903. Durch seine schöne, der Umgebung angepaßte

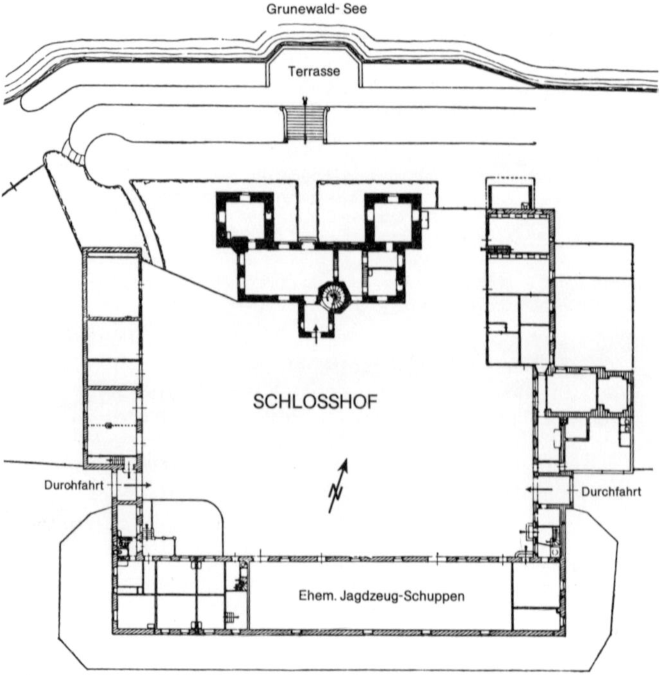

Jagdschloß Grunewald

Kunst- und Gemäldesammlung und durch die *Serenadenkonzerte* im Schloßhof ist dieses märkische Kleinod zum beliebten Ziel der Berliner und ihrer Gäste geworden (Öffnungszeiten Di–So 10–18, im Winter 10–16 Uhr). Die Bilder, vorwiegend Altdeutsche und Niederländer, verbinden sich mit den schlichten Möbeln und der märkischen Landschaft, die überall zu den Fenstern hereinsieht, zu einem stimmungsvollen Ganzen.

Das **Erdgeschoß** bewahrt den Charakter des Jagdschlosses. Ein Steinrelief von *Hans Schenk gen. Scheußlich* im Eingangsraum zeigt den kurfürstlichen Bauherrn – nach anderer Version den Bildhauer – mit seinen Baumeistern *Caspar Theyß* und *Kunz Buntschuh* beim Umtrunk. Im Mittelsaal wurden 1973 bei der Restaurierung Renaissancearkaden und eine hölzerne Decke freigelegt, die beim Umbau des Schlosses 1706 durch barocke Stukkaturen verdeckt worden waren. Ein prächtiges Bildnis Joachims

II. von *Lucas Cranach d. J.*, neun Passionstafeln von *Lucas Cranach d. Ä. (Werkstatt)* aus dem 1747 abgerissenen alten Berliner Dom, schöne große Tierbilder des 18. Jhs. und ein Reiterbild des Prinzen Karl (von Carl Steffeck) sind hervorzuheben.

Im **Mittelgeschoß** sieht man u. a. Gemälde der flämischen und der holländischen Schule des 17. Jhs., darunter von *Abraham Bloemaert* 'Urteil des Midas'; *Jacob Jordaens* 'Wie die Alten sungen...', 'Susanna und die beiden Alten'; *Jan Lievens* 'Mars und Venus'; *Ferdinand Bol* 'Jünglingsbild'; *Ludwig Finson* 'Angelika und Medoro'. Die Reihe von zwölf römischen Imperatoren ließ Prinz Friedrich von Oranien 1616–25 durch verschiedene in Italien geschulte Künstler nach Büsten und Stichen malen; das Caesarbild des *Peter Paul Rubens* überragt alle anderen. Im rechten Flügel u. a. 'Adam und Eva', 'Lukretia' und eine 'Quellnymphe' von *Lucas Cranach d. Ä.*, ein Frauenbildnis von *Barthel Bruyn,* ein Flügelaltar aus der Stadtkirche von Cadolzburg und das Bildnis des Kanonikus Giese, ein Holzrelief von *Hans Schenk gen. Scheußlich.*

Im **Obergeschoß** weitere niederländische Bilder, darunter *Thomas Willeboirts* 'Venus an der Leiche des Adonis'; *Cornelis van Haarlem* 'Der verlorene Sohn bei den Dirnen'; *Marseus van Schrieck* 'Stilleben mit Tieren'. – Eine Reihe von Räumen ist mit deutschen Möbeln und Bildern des 18. und 19. Jhs. eingerichtet; man sieht u. a. *Anton Graffs* lebensvolle Bildnisse der Philosophen Mendelssohn und Engel, ein Selbstporträt von *Martin Falbe* und das von ihm gemalte Bildnis des Goldschmieds Jordan, *Wilhelm v. Kügelgens* Prinzessinnenbildnis und *Franz Krügers* Bildnisse des Hofrats Bußler und des Geheimrats Illaire.

Dem Schloß gegenüber sind im Jagdzeugmagazin von 1770 seit 1977 eine *Jagdkundliche Sammlung* mit Waffen (überwiegend aus der Sammlung des Prinzen Karl von Preußen), Gemälden, u. a. der 'Hofjagd' von *Abraham Begeyn* (1690), Kunstgewerbe und Jagdtrophäen und im östlichen Wirtschaftstrakt ein *Waldmuseum* untergebracht.

Wanderungen. Vom Jagdschloß zum Wannsee, 2¼ Std. Der Weg folgt der *Grunewaldrinne,* einer etwa 10 km langen eiszeitlichen Schmelzwasserrinne, die als Kette von Seen und Hochmooren (Fenns) den östlichen Grunewald durchzieht. Vom *Jagdschloß Grunewald* am *Forsthaus Paulsborn* (Restaurant) vorüber und durch das *Lange Luch* in ½ Std. nach *Onkel Toms Hütte*; weiter am *Riemeisterfenn* (s. S. 45) und an der *Krummen Lanke,* einem der schönsten Grunewaldseen, entlang in ½ Std. zum Restaurant *Alte Fischerhütte;* nun in ½ Std. am Nordufer des langgestreckten *Schlachtensees* (s. S. 47) bis in Höhe des am Südufer liegenden Bootsverleihs, dann unter der Bahn und Avus hindurch, den Kronprinzessinnenweg überquerend, zum *Forsthaus Nikolassee* und weiter durch den Wald in ¾ Std. zum *Strandbad Wannsee* (s. S. 49); Bushaltestelle. – Vom Jagdschloß aus, den Grunewald nach Westen durchquerend, gelangt man in 1 Std. zur Insel Lindwerder in der Havel.

2. Zehlendorf

Der Ortsteil Zehlendorf, der dem Bezirk den Namen gegeben hat, schließt sich südwestlich an Dahlem an. Er umfaßt im Westen die an Nikolassee grenzende Villenkolonie *Schlachtensee* und reicht mit *Schönow* ganz im Süden bis an die Stadt Teltow, die schon außerhalb der Berliner Grenze liegt.

Zehlendorf liegt auf altem Siedlungsgebiet. Nachdem man schon 1920 hier ein semnonisches Gräberfeld des 1. Jhs. n. Chr. aufgedeckt hatte, stieß man 1937 am Ostrand der Krummen Lanke auf ein Dorf mit Geräten und Münzen des 13. Jhs. und 1939 darunter auf ein bronzezeitliches Dorf mit 30 Grabstellen (Tongefäße) sowie auf Siedlungsspuren der Mittleren Steinzeit. 'Cedelendorp' wird 1242 erstmals erwähnt, als es zusammen mit dem Dorf Krummensee an der Krummen Lanke und Slatdorp am Slatsee (Schlachtensee) von den askanischen Markgrafen an das Kloster Lehnin verkauft wurde. In dessen Besitz blieb das Dorf von 50 Hufen bis 1542 und gehörte dann bis 1872 zum Amt Mühlenhof. Als Potsdam zur Residenz der Könige wurde, gewann es durch seine Verkehrslage an Bedeutung. Durch Zehlendorf wurde 1792 Preußens erste Steinstraße (Chaussee) gelegt (vgl. S. 46); auch die erste Eisenbahn Preußens (1838) hielt hier bei Bedarf.

Vom Zentrum des Ortsteils Zehlendorf strahlen nach allen Richtungen große Straßen aus. Die achteckige kleine **Dorfkirche** aus verputzten Feldsteinen und Ziegeln wurde 1768 von Friedrich d. Gr. anstelle einer zerstörten mittelalterlichen Kirche gestiftet. Im Inneren zwei Tafeln eines *Flügelaltars* (um 1480), als Leihgaben aus der Klosterkirche in Ost-Berlin, und elf Bildtafeln des 17. Jhs. aus der Heiliggeist-Kapelle (ebenfalls in Ost-Berlin). Die Glocke aus dem 13. Jh., die älteste West-Berlins, hängt seit 1912 in der Johannes-Kirche in Schlachtensee (vgl. S. 47). Auf dem *Kirchhof,* zu dem ein schönes Eisentor von 1826 führt, liegt Maria Haupt, die Amme Friedrichs d. Gr., begraben (Grabstelle unbekannt).

Westlich an das Zentrum schließt sich das Gemeindewäldchen an, eine dreieckige Parkanlage. Südlich davon – auf dem Mittelstreifen der Potsdamer Straße – eine *Meilensäule* von 1793 (Kopie von 1938).

Nach Nordwesten führt die Onkel-Tom-Straße (Plan S. 28/29; C1–3) zum **Städt. Friedhof Zehlendorf,** auf dem der Schriftsteller *Julius Hart* († 1931), der Maler *Oskar Moll* († 1937) und der Zeitungswissenschaftler *Emil Dovifat* († 1969) begraben sind.

Die Straße führt dann zum Fischtalpark (Rodelbahn) mit der reizvollen *Siedlung Fischtalgrund,* die 1928/29 unter der Leitung von Heinrich Tessenow als Versuchssiedlung beiderseits des langen, schmalen Parks angelegt wurde. – Gegenüber dem U-Bhf. Onkel Toms Hütte, der im Zentrum eines Wohnblocks mit Ladenstraße liegt, steht die ev. *Ernst-Moritz-Arndt-Kirche* (1935; Diez Brandi). Sie gehört zur 1926-32 angelegten Großsiedlung **Onkel Toms Hütte,** die zu den bedeutendsten Wohnungsbauprojekten der 20er Jahre zählt (Bruno Taut, der auch das Farbkonzept entwickelte; Hugo Häring; Otto Rudolf Salvisberg). – Die Onkel-Tom-Straße führt weiter in den Grunewald. Rechts von ihr eine Rodelbahn, links das 700 m lange *Riemeisterfenn* (1,46 ha; Naturschutzgebiet), ein verlandeter See (Rienmeistersee) der eiszeitlichen Grunewaldrinne. An der Westgrenze des Fenns das 1955 erbaute *Wasserwerk Riemeisterfenn,* das vier Stockwerke tief in den Sandboden hineingesenkt ist und täglich 20000 cbm Wasser liefert. Der südwestl. anschließende, 1100 m lange See heißt **Krumme Lanke** (Plan S. 28/29; BC 2; 15,2 ha). Schöner Uferweg.

Nahe dem *U-Bhf. Krumme Lanke* liegt der landschaftlich besonders reizvolle kleine *Waldsee* (Plan S. 28/29; B3). Das *Haus am Waldsee* (Öffnungszeiten s. S. 9), Argentinische Allee 30, ist mitsamt seinem weiten Park kulturelles Zentrum des Bezirksamts Zehlendorf. Hier finden beachtenswerte Ausstellungen, Konzerte, Vorträge und Lesungen statt. Die Argentinische Allee endet am Mexikoplatz mit dem *S-Bhf Mexikoplatz* (früher Lindenthaler Allee), einem reizvollen Jugenstilbau von Hart & Lesser (1904).

Östlich des Zehlendorfer Zentrums steht an der Schlettstadter Straße, Ecke Schützallee die *Holländische Mühle* von 1881, ein wuchtiger Backsteinbau, der durch seine ungewöhnliche, eher an einen Wasserturm erinnernde Form auffällt. Die Flügel wurden im 2. Weltkrieg abmontiert.

Vom Zehlendorfer Zentrum nach Süden zieht sich der 3,5 km lange Teltower Damm. Gleich am Beginn, dem Haupteinkaufsbereich des Bezirks, liegen das *Rathaus* (1929; Eduard Jobst Siedler) und dahinter die ev. *Pauluskirche* (1905; Hubert Stier). Dann folgt der *S-Bhf. Zehlendorf.* An der ostwärts führenden Mühlenstraße die ev. *Stephanuskirche* von Hans Geber und Otto Risse mit steilem, kupfergedeckten Pyramidendach auf 14 Betonpfeilern (1961). Der Teltower Damm passiert weiterhin den Schweizerhof-Park. Der 1853 von Heinrich Laehr (1820 bis 1905) als Nervenheilanstalt gegründete Schweizerhof wich dem Neubau der *John-F.-Kennedy-Schule,* einer deutsch-amerikanischen Gesamtschule (1970; Harald Deilmann). Im Park die große Grabanlage des Gründers.

Auf der Westseite des Teltower Damms, Nr. 120, befindet sich die **Kirchliche Hochschule Berlin.** 1935 als Lehr- und Forschungsstätte reformatorischer Theologie von der Bekennenden Kirche gegründet, wurde sie bald vom nationalsozialistischen Staat verboten, setzte aber ihre Tätigkeit bis 1941 illegal fort und wurde 1945 wieder eröffnet. Heute ist sie eine staatlich anerkannte wissenschaftliche Hochschule und Körperschaft des öffentlichen Rechts. Sie besitzt das Promotions- und Habilitationsrecht und ist Trägerin der Funktionen der Evangelisch-theologischen Fakultät für West-Berlin. 1984 waren ca. 600 Studenten eingeschrieben. Angegliedert sind das Institut 'Kirche und Judentum', das Institut für Religionssoziologie und Gemeindeaufbau und die Schleiermacher-Forschungsstelle Berlin. Daneben steht die ev. *Kirche Zur Heimat* (1955; Wilhelm und Peter Lehrecke); im Innern ein *Betonfries* von Waldemar Otto mit alttestamentlichen Gestalten. Am Gimpelsteig das Städt. *Behring-Krankenhaus,* 1896 als Erziehungsheim vom 'Verein für die Erziehung sittlich verwahrloster Kinder in Berlin' erbaut und seit dem 1. Weltkrieg mit kurzer Unterbrechung als Krankenhaus genutzt. Weiter südlich in der Andréezeile 21 ein ev. Gemeindezentrum mit der *Schönow-Kirche* in Zeltform mit verglasten Giebeln von Frei Otto und Ewald Bubner (1962).

Östlich des Teltower Damms erstreckt sich nach Süden hin der 1200 m lange *Heinrich-Laehr-Park* (27 ha; s. oben), der unter Landschaftsschutz steht. Der Teltower Damm selbst durchquert neue Wohnsiedlungen und **Schönow** (Plan S. 28/29; C5), das als Dorf von 1299 an im Besitz des Bischofs von Brandenburg war und 1894 mit Zehlendorf vereinigt wurde. Im Dorfzentrum, Alt-Schönow 7b, die *Orgelbauwerkstatt Karl Schuke,* eine Zweigniederlassung des alten Schuke-Orgelbauunternehmens in Potsdam, die sich 1966 hier ansiedelte und seitdem ca. 400 Orgeln in die ganze Welt geliefert hat. Der Teltower Damm endet am Teltowkanal.

Teltow, das man jenseits des Teltowkanals mit seinem Industriegelände liegen sieht, gehört zur DDR. Die bekannten *Teltower Rübchen,* schon von Kant und Goethe geschätzt, wurden hier zuerst als besondere, dem märkischen Boden angepaßte Sorte der weißen Rübe gezüchtet.

Die Hauptverbindungsstraße vom Zehlendorfer Zentrum zum Wannsee ist die 6,5 km lange Potsdamer Chaussee (Plan S. 28/29; A4–C3), die erste künstlich befestigte Straße ('Steinbahn') in Preußen (1792). Sie säumt den Südrand der Ortsteile Schlachtensee und Nikolassee, kreuzt am Zehlendorfer Kleeblatt die Autobahn und wird jenseits der Wannseebrücke von der Königstraße (s. S. 55) fortgesetzt.

Die *Villenkolonie Schlachtensee* (Plan S. 28/29; B 2/3) hat sich nach Eröffnung der Wannseebahn 1874 vom Ufer des gleichnamigen Sees nach Süden zur Potsdamer Chaussee hin entwickelt. Der von Uferpromenaden umsäumte *Schlachtensee* (31 ha) ist mit 2400 m Länge der größte See in der Grunewaldrinne. An seinem Südufer der *S-Bhf. Schlachtensee* und auf einer Halbinsel der *Paul-Ernst-Park*. – Südlich in der Matterhornstraße 37–39, am Waldemarplatz, die ev. *Johannes-Kirche* (1912; Georg Büttner) mit einer Glocke aus dem 13. Jh. Sie stammt aus der Zehlendorfer Dorfkirche (s. S. 44) und ist die älteste in West-Berlin. Potsdamer Chaussee, Ecke Wasgenstraße das *Studentendorf* der Freien Universität mit 600 Betten, 1960 aus Spenden der US-Regierung nach Plänen von Fehling, Gogel und Pfankuch erbaut. Dahinter liegt in der Wasgenstraße die kath. *Zwölf-Apostel-Kirche* (1954; Julius Schmidt) mit lebensgroßen Holzfiguren der Apostel von Hanns Schott-Fiechtl. – Südlich der Potsdamer Chaussee der Waldfriedhof Zehlendorf (s. S. 48).

3. Nikolassee

Der Ortsteil **Nikolassee** (Plan S. 28/29; A 3/4) erstreckt sich vom Schlachtensee nach Westen bis zum Gr. Wannsee. Von besonderem Reiz ist die *Rehwiese,* eine langgestreckte Niederung, die das Schlußstück der Grunewaldrinne zwischen Schlachtensee und Wannsee bildet. Der kleine *Nikolassee* (5,6 ha) jenseits der Autobahn ist der Rest dieses verlandeten einstigen Wasserlaufs. Auf der Ostseite der Rehwiese die ev. *Kirche Nikolassee* (1911; Erich Blunck); auf dem Kirchhof ruhen der Architekt *Hermann Muthesius* († 1927), der Schriftsteller und Bildhauer *Kurt Kluge* († 1940) und der Schriftsteller *Jochen Klepper* (Freitod 1942) und der Verleger *Axel C. Springer* († 1985). An den Hängen der Rehwiese viele reizvolle Villen. Am bedeutendsten der 'Mittelhof', Kirchweg 33, von Hermann Muthesius (1915), heute Sitz der *Historischen Kommission zu Berlin,* und das *Haus Freudenberg,* Potsdamer Chaussee 48, Ecke Rehsprung, ebenfalls von Muthesius (1914). Nordwestlich am S-Bhf. Nikolassee das ehem. Rathaus Nikolassee (1912; Bruno Möhring), das bewußt dem Villencharakter der Gegend angepaßt wurde (heute Schule).

Südlich der Potsdamer Chaussee liegt jenseits der S-Bahn (Wannsee-Bahn) der frühere staatliche Gutsbesitz **Düppel** (Eingang Oertzenweg 19 b), den Prinz Friedrich Karl 1859 vom Großdestillateur Gilka ('Gilka-Kümmel') erwarb und nach der Schlacht bei Düppel (Dänemark) so benannte. Er gehört seit 1928 zu Zehlendorf. Der Gutshof dient heute den *Tierkliniken* der Freien Universität. Das 1838 errichtete Gebäude der späteren Schnapsbrennerei Gilka innerhalb der Anlage ist der älteste erhaltene Fabrikbau in Berlin.

Der südlich am Gutshof vorbeiführende, schnurgerade Königsweg war der alte Reiseweg Friedrichs d. Gr. von Berlin nach Potsdam vor Ausbau der Potsdamer Chaussee.

In der Clauertstraße 11 befindet sich das **Museumsdorf Düppel** (Plan S. 28/29; B4), ein Freilichtmuseum mit der Rekonstruktion einer mittelalterlichen Siedlung (um 1200) und Vorführungen frühgeschichtlicher Handfertigkeiten. Geöffnet von Mai–Okt. So 10–13 Uhr.

Zwischen Potsdamer Chaussee und Königsweg liegt der schöne **Waldfriedhof Zehlendorf.** Er wurde 1946 angelegt, die Feierhalle 1957 hinzugefügt. Hier sind die Gräber der Reg. Bürgermeister *Ernst Reuter* († 1953) und *Otto Suhr* († 1957), des Bundesministers *Jakob Kaiser* († 1961), des Regisseurs und Intendanten *Erwin Piscator* († 1966), des Politikers *Paul Löbe* († 1967), des Bildhauers *Karl Hartung* († 1967), der Architekten *Bruno Paul* († 1968) und *Hans Scharoun* († 1972), des Schriftstellers *Kurt Ihlenfeld* († 1972), des Komponisten *Boris Blacher* († 1975), des Regisseurs und Schauspielers *Helmut Käutner* († 1980). In einem Ehrenhain sind 2200 gefallene Italiener beigesetzt. 1959 wurde am Eingang Wasgenstraße jenen Toten, deren Gräber nicht erreichbar sind, ein Gedenkstein gesetzt.

Die Postdamer Chaussee bildet südwestlich der Rehwiese (s. oben) mit der Autobahn das *Zehlendorfer Kleeblatt.* Auf dem Mittelstreifen der Autobahn begrüßt ein kleiner *Berliner Bär,* Bronzeplastik und letztes Werk von Renée Sintenis (1956), die ankommenden Autofahrer. Ein hohes Holzkreuz auf der Potsdamer Chaussee erinnert an die Opfer des 17. Juni 1953. Südlich des Kleeblatts der neue Grenzübergang Dreilinden. Nach weiteren 1500 m erreicht die Chaussee den Wannsee.

4. Wannsee

Mit dem Namen **Wannsee** wird die weit ausgedehnte Landhauskolonie bezeichnet, die sich an den Ufern des Großen und des Kleinen Wannsees bis südwärts zum Griebnitzsee hinzieht. Im Jahre 1863 hatte der Berliner Bankier Wilhelm Conrad auf dem Gelände des Dorfes *Stolpe* eine Villenkolonie gegründet, die er nach der dänischen Insel Alsen (Krieg von 1864) benannte. Post und Bahn aber nannten ihre Stationen Wannsee. 1898 wurde auf Antrag des Dorfes Stolpe dem gesamten Gebiet der Name Wannsee gegeben. Industrielle und Großfinanziers, Künstler und Gelehrte besiedelten diese südwestlichste und älteste Randsiedlung Berlins, die sich nördlich bis zum Heckeshorn erstreckt. Im Westen wird sie vom *Berliner Forst Düppel* (1257 ha) umschlossen, den die breite Königstraße bis zur Glienicker Brücke über die Havel durchquert.

Der ***Große Wannsee** (260 ha), eine weite Ausbuchtung der Havel von etwa 1000 m Breite und 9–10 m Tiefe, ist Hauptsitz des Berliner Wassersports und Schauplatz von Segelregatten. An seinen Ufern liegen stattliche Villen, deren Gärten bis zum See reichen. Die Bucht wird im Norden vom Strandbad und von der Landspitze Heckeshorn (s. S. 50) flankiert.
Das 1907 eröffnete und 1930 von Martin Wagner und Richard Ermisch sehr großzügig ausgebaute *Strandbad Wannsee* (Plan S. 52/53; D3) gilt als größtes Binnenseebad Europas. An schönen Sommertagen beleben Zehntausende den 80 m breiten und 1275 m langen Sandstrand. Nördlich die *Wannseeterrassen* (Restaurant).

Man erreicht das Strandbad vom *S-Bhf. Nikolassee* über den Wannseebadweg. Die Straße führt oberhalb des Strandbades weiter über einen Damm zur 25 ha großen **Insel Schwanenwerder** (Plan S. 52/53; D2), die 1882 als 'Cladower Sandwerder' von dem Lampenfabrikanten Wilhelm Wessel erworben und grundstücksweise an die Hochfinanz verkauft wurde. Die 1883 von Wessel am Zugang zur Insel (Inselstraße 8) aufgestellte *Korinthische Säule* stammt aus den Tuilerien in Paris. Inselstraße 10–14 die Berliner Dependance des amerikanischen *Aspen-Instituts,* das hier seit 1974 seine politischen und publizistischen Colloquien veranstaltet. Auf der Insel befinden sich verschiedene Erholungsheime.

Ein schöner Uferweg führt von Schwanenwerder nördlich zum *Großen Fenster,* einer Höhe über der Badebucht Gr. Steinlanke, die einen weiten *Blick havelaufwärts bis zu den Türmen von Spandau freigibt. Die Havelchaussee senkt sich nach Süden und erreicht bei der *Lieper Bucht* das Ufer. Eine Fähre führt hinüber zu der kleinen baumbestandenen Insel **Lindwerder** mit beliebtem Restaurant. Dampferanlegestelle. Schöner Blick auf die Havel. Die Chaussee folgt zunächst weiter dem Ufer, verläßt an der Bucht *Große Steinlanke* die Havel, durchquert den Wald und erreicht in Höhe des Schlachtensees die Avus.

Weiter ostwärts erheben sich über dem Wald in der Nähe des Strandbades die 150 m hohen Antennenträger der *Funkempfangsstelle Nikolassee,* die 1951 für den Betrieb vom Torfhaus am Brocken (200 km) und Höhbeck bei Lenzen (140 km) errichtet wurden. Jenseits des Wannsees, am *Heckeshorn* (Plan S. 52/53; D3), sieht man die *Funksendestelle Wannsee* mit einem Mast für Höhbeck (144 m) und zwei Antennenträgern (73 und 144 m) für Torfhaus. Mit diesen beiden Ultrakurzwellen-Richtverbindungen Berlin–Westdeutschland wurde die mögliche Gefährdung der Kabelverbindungen im Fernmeldeverkehr überwunden.

Südlich vom Wannseebadweg liegt am Kronprinzessinnenweg das 1888–93 errichtete, inzwischen modernisierte *Wasserwerk Beelitzhof*, das den ganzen Süden bis hin nach Neukölln versorgt. Die Straße führt weiter zum *S-Bhf. Wannsee,* einem expressionistischen Backsteinbau mit bemerkenswerter Eingangshalle (1928; Richard Brademann). Gegenüber, Am Sandwerder 1, eine spätklassizistische Villa der Schinkelschule (1875; E. A. Petzholtz); Nr. 5 hat das *Literarische Colloquium Berlin* seinen Sitz. Von den Grünanlagen links daneben ein schöner Blick auf den Wannsee; hier auch der Abstieg zur Anlegestelle der Haveldampfer nach Glienicker Brücke, Kohlhasenbrück, Spandau, Tegel und zur Fähre nach Kladow.

Die Grünanlagen reichen bis zur *Wannseebrücke,* auf der die Königstraße die Enge zwischen Gr. und Kl. Wannsee überquert. Am Südufer des *Kl. Wannsees,* Bismarckstraße 3, liegt zwischen Bootshäusern in einem kleinen Waldstück das *Grab Heinrich v. Kleists,* der hier am 21. Nov. 1811 zusammen mit Henriette Vogel den Tod suchte. Auf dem Grabstein die Worte des ‘Prinzen von Homburg’: “Nun o Unsterblichkeit bist Du ganz mein”. An der Stelle von ‘Stimmings Krug’, wo Kleist seine letzte Nacht verbrachte, steht heute ein modernes Apartmenthaus.

Südlich der Eisenbahn die *Revierförsterei Dreilinden.* Hier befand sich bis 1955 das durch Fontane (‘Fünf Schlösser’) bekannte Jagdschloß Dreilinden; zwei der drei historischen Linden stehen noch. Durch den Dreilindener Forst kann man auf dem Kurfürsten- und Königsweg in einer Stunde nach *Kohlhasenbrück* (s. S.54) wandern.

Jenseits der Wannseebrücke führt die Straße Am Großen Wannsee am Westufer des Wannsees bis zur Landspitze *Heckeshorn.* Dort befindet sich eine Klinik für Lungenkranke; einbezogen ist das Diagnostische Zentrum (1976; Peter Poelzig). – Der *Flensburger Löwe* am Ufer ist die Kopie eines dänischen Siegesdenkmals, das von Herman V. Bissen 1853 für den Flensburger Friedhof geschaffen, nach 1864 in der Kadettenanstalt Lichterfelde aufgestellt und 1946 an Dänemark zurückgegeben wurde. Ein schöner Uferweg führt von hier um das *Tiefehorn* (Plan S. 52/53; C3) herum in 1 Std. zur Pfaueninsel (s. S. 59) Dampferanlegestelle.

Der bekannte 'Schwedische Pavillon', Am Großen Wannsee 28, ist jetzt Hospital des Arbeiter-Samariter-Bundes. Am Großen Wannsee Nr. 42 die ehemalige Villa des Malers Max Liebermann (1847–1935). Sie gehört heute einem Wassersportclub. Nr. 56/58 fand am 20. Januar 1942 die entscheidende Besprechung zur 'Endlösung der Judenfrage', festgehalten im sog. *Wannsee-Protokoll*, statt (Gedenktafel).

In der Lindenstraße die 1896 von Bankier Conrad gestiftete *Andreaskirche* (Otto Stahn). Auf dem Friedhof ruhen der Architekt Johannes Otzen († 1911), der Chemiker Emil Fischer († 1919; Grabmal von Fritz Klimsch), der Physiker Hermann v. Helmholtz († 1894), der Industrielle Arnold v. Siemens († 1918; Familiengrabstätte Helmholtz/Siemens von Adolf v. Hildebrand und Kurt Kluge), die Schauspielerin Agnes Sorma († 1927), der Komiker Erich Carow († 1956) und der Chirurg Ferdinand Sauerbruch († 1951). In der Kaiserstraße 1–3 das ehem. Kurhaus Wannsee (1962), seit 1973 *BfA-Klinik für Infarktgeschädigte.*

Südlich der Königstraße erstreckt sich im Anschluß an den Gr. Wannsee eine anmutige Seenkette, die den Kl. Wannsee, Pohle- und Stölpchensee umfaßt. Der Friedrich-Leopold-Kanal verbindet sie mit dem Griebnitzsee, dessen Mündung und Südufer bereits auf DDR-Gebiet liegen.

Am Kleinen Wannsee 19 befinden sich die Tagungsstätte und ein Studentenwohnheim der *Ev. Akademie Berlin.*

Nördlich des Stölpchensees liegt das ehem. Dorf **Stolpe**, das schon 1299 erwähnt ist. Die *Alte Kirche* am Wilhelmplatz markiert den Dorfkern. Sie wurde 1859 von August Stüler erbaut; aus dem gedrungenen Turm erklingt stündlich ein Glockenspiel. Im Innern bedeutendes Barock-Grabmal des Hofgärtners *Martin Heydert* (1777; Wilhelm Christian Meyer). Neben der Kirche das ehem. Schulhaus von 1845 (heute Seniorentreff). Auf dem Friedhof Friedenstraße die Gräber des Malers *Oskar Begas* († 1883), des Bildhauers *Erdmann Encke* († 1896), des Architekten *Hans Poelzig* († 1936) sowie des *'Eisernen Gustav' Hartmann* († 1938).

Westlich der Kirche, an der Glienicker Straße, liegt das 1959 erbaute **Hahn-Meitner-Institut für Kernforschung,** das in seinen vier Abteilungen (Kern- und Atomphysik, Strahlenchemie, Kernchemie und Reaktortechnik, Datenverarbeitung und Elektronik) Grundlagenforschung betreibt. Zwei nennenswerte Großgeräte sind der 5 MW-Forschungsreaktor BER II und der

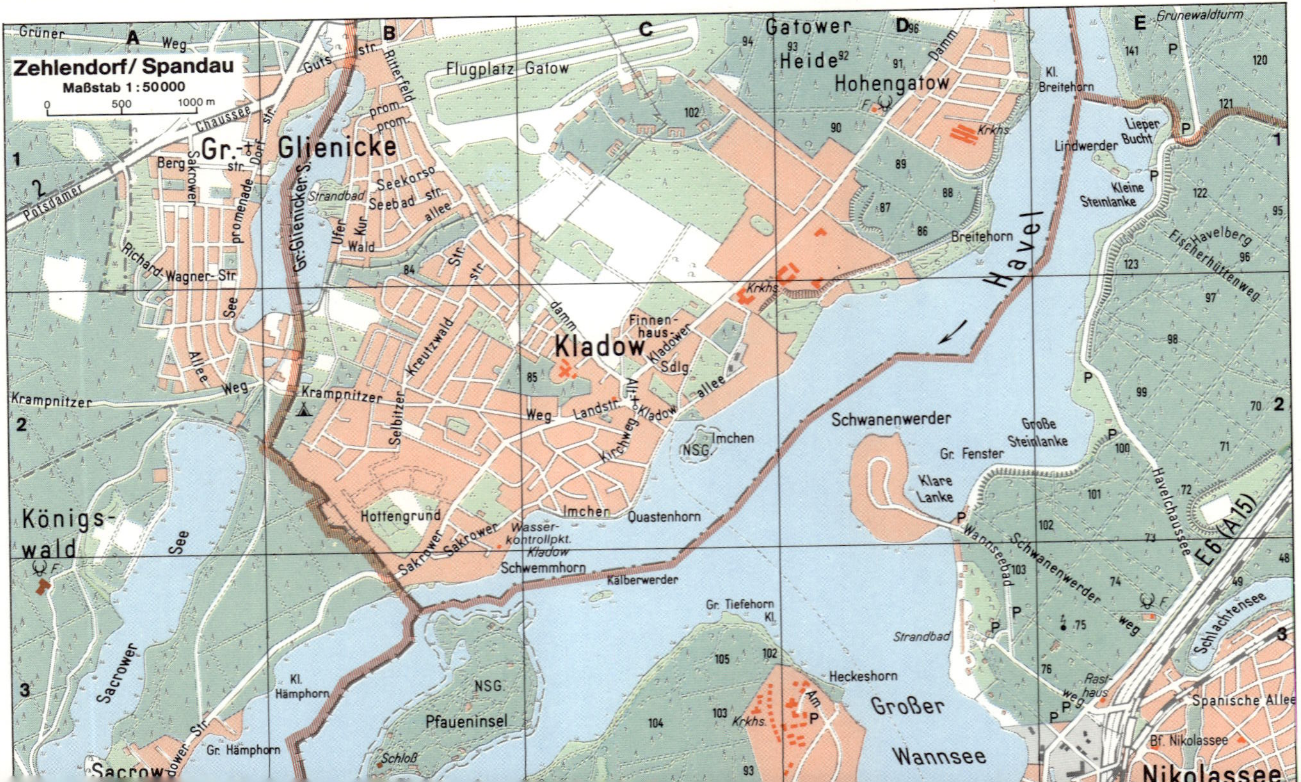
Zehlendorf/ Spandau
Maßstab 1 : 50000
0 500 1000 m
Grüner Weg
Guts str.
Ritterfeld
Flugplatz Gatow
Gatower Heide
Hohengatow
Damm
Kl. Breitehorn
Grunewaldturm
Lieper Bucht
Lindwerder
Kleine Steinlanke
Havelberg
Fischerhüttenweg
Chaussee
Potsdamer
Gr. Glienicke
Dorf str.
Berg str.
Sakrower
promenade
Gr. Glienicker S.
Strandbad
Seekorso
Seebad str.
allee
prom.
Ufer
Kur
Wald
Richard-Wagner-Str.
See
Allee
Weg
Krampnitzer
Krampnitzer Weg
Selbitzer
Kreutzwald
Str.
str.
damm
Kladow
Finnen-haus
Kladower Sdlg
allee
Alt-Kladow
Landstr.
Kirchweg
Krkhs.
Breitehorn
Havel
Schwanenwerder
Große Steinlanke
Gr. Fenster
Klare Lanke
Imchen
NSG
Quastenhorn
Hottengrund
Sakrower
Wasser-kontrollpkt. Kladow
Schwemmhorn
Kälberwerder
Havelchaussee
E6 (A 15)
Wannseebad
Schwanenwerder weg
Rast-haus weg
Schlachtensee
Spanische Allee
Bf. Nikolassee
Nikolassee
Strandbad
Gr. Tiefehorn Kl.
Heckeshorn
Großer Wannsee
Am
Königs-wald
See
Sacrower
Sacrow
Sakrower Str.
Gr. Hämphorn
Kl. Hämphorn
NSG
Pfaueninsel
Schloß

Ausschnitt aus der Übersichtskarte von Berlin (West) 1 : 50 000, Ausgabe 1980. Vervielfältigt mit Erlaubnis des Senators für Bau- und Wohnungswesen–V–vom 11. April 1983

zweitgrößte Schwerionenbeschleuniger Deutschlands. Otto Hahn war 1938 im alten Chemischen Institut in Dahlem die erste Uran-Kernspaltung gelungen (vgl. S. 40), für die Lise Meitner 1939 die theoretische Erklärung lieferte. Zwischen Glienicker und Königstraße erstreckt sich der große *Golfplatz* des 'Golf- und Landclubs Bln.-Wannsee' (9 Löcher), der einzige in West-Berlin.

Am *Griebnitzsee* entlang nach *Kleinglienicke*, 1 ½ Std., lohnende Wanderung: von der Stolper Kirche folgt man dem Stölpchenweg, der am Stölpchensee südl. in 10 Minuten zum Whs. *St. Hubertusbaude* führt; nun am Fuße der *Tannenberge* (66 m) dicht am Ufer des 3 km langen **Griebnitzsees** entlang, der den Unterlauf des Teltowkanals bildet. Am Südufer sieht man die Villen von Babelsberg liegen, in denen 1945 während der Potsdamer Konferenz Truman, Attlee und die sowjetischen Delegierten (nicht Stalin) wohnten. Die Sitzungen selbst fanden im Cecilienhof in Potsdam statt. Vor dem Ende des Griebnitzsees biegt man auf einem Treppensteig nach Norden ab und erreicht, die bepflanzte Müllkippe Wannsee passierend, auf Forstwegen die Königstraße etwa 1500 m vor der Glienicker Brücke.

Von der Stolper Kirche führt die Kohlhasenbrücker Straße südlich nach **Kohlhasenbrück** (Plan S. 52/53; C5), einer kleinen Siedlung an der Einmündung des Teltowkanals in den Griebnitzsee, mit Dampferstation, Gartenlokal und Zeltplatz. Königsweg und Bahnlinie überschreiten südlich des Kanals die DDR-Grenze. Die Überlieferung, daß der 1540 hingerichtete Berliner Kaufmann Hans Kohlhase, der Held von Heinrich v. Kleists Erzählung 'Michael Kohlhaas' (1810), hier einen von Mansfeld kommenden Silbertransport überfallen und den Schatz unter der Bäkebrücke versteckt habe, ist als Sage erwiesen.

1 km nordöstlich im *Berliner Forst Düppel* (Jagen 59/60) ein 400 m langer Kneippweg mit Wassertretbecken (unentgeltlich) und das *Große Fenn* (5,76 ha; NSG), ein Moorgebiet.

Eine 2 km lange Stichstraße führt von Kohlhasenbrück östlich entlang dem Teltowkanal nach *Albrechts Teerofen,* einem schmalen Vorsprung Westberliner Gebietes. Am Gasthaus noch Schlackereste des historischen Teerofens des 17./18. Jhs. Die Straße endet am ehem. Kontrollpunkt Dreilinden.

1 km südlich von Kohlhasenbrück liegt, durchquert von der Bahnstrecke nach Beelitz, die ehem. Exklave *Steinstücken,* die seit 1972 direkt zugänglich ist.

Der wegen seiner landschaftlichen Schönheit bekannte **Südwestfriedhof** der Berl. Stadtsynode in Stahnsdorf liegt in der DDR und ist somit zur Zeit von West-Berlin aus schwer erreichbar. Dort ruhen der Maler *Lovis Corinth* († 1925), der Komponist *Engelbert Humperdinck* († 1921), der Verleger *Gustav Langenscheidt* († 1895), der Chirurg und Schriftsteller *Karl Ludwig Schleich* († 1922), der Großindustrielle *Werner v. Siemens* († 1892; Familiengruft), der Zeichner *Heinrich Zille* († 1929).

Die Königstraße (Plan S. 52/53 A4–D4) führt vorbei an der kath. *St.-Michaelskirche,* einem expressionistischen Backsteinbau mit drei Turmspitzen von Wilhelm Fahlbusch (1927) und vorbei am *ehem. Rathaus Wannsee* (1901; Otto Stahn) sowie an einer Meilensäule des 18. Jhs. (Kopie) schnurgerade westlich weiter durch den *Berliner Forst Düppel,* in dem Reh- und Muffelwild lebt, nach Glienicke (s. S. 48).

Nördlich der Königstraße, auf dem *Schäferberg* (103 m), steht der weithin die Landschaft beherrschende 212 m hohe **Fernmeldeturm,** den die Bundespost 1963 für den drahtlosen Wählerfernverkehr und die Fernsehverbindung zwischen West-Berlin und der Bundesrepublik errichtete. 1832–49 befand sich hier ein optischer Telegraf der Strecke Berlin-Koblenz, die vom Observatorium in der Dorotheenstadt über den Annenkirchturm in Dahlem zum Telegraphenberg in Potsdam führte (vgl. S. 24). Nach weiteren 1,5 km erreicht die Straße in Kleinglienicke die Havel und damit den westlichsten Punkt des West-Berliner Stadtgebietes.

5. Kleinglienicke

Das 1375 erstmals erwähnte **Dorf Kleinglienicke** auf der Landenge zwischen Griebnitzsee und Glienicker Lake und das südlich anschließende Babelsberg gehören bereits zur DDR, das Jagdschloß Glienicke und das Schloß Kleinglienicke hingegen seit 1920 zum Bez. Zehlendorf. Die *Glienicker Brücke,* deren Havelaussicht schon von Humboldt gerühmt wurde, ist 1908/09 als Eisenkonstruktion neu erbaut worden. Über die Brückenmitte verläuft die Grenze zur DDR; obwohl sie drüben 'Brücke der Einheit' heißt, ist der Weg zum nahen Potsdam seit Jahren gesperrt. Vom Kai unterhalb der Brücke Blick auf Schloß Babelsberg und die Türme von Potsdam. Motorschiffe nach Kladow und Wannsee.

Im ****Schloß und Park Kleinglienicke** (Plan S. 52/53; A4) ist ein hervorragendes Gesamtkunstwerk aus Architektur und Gartengestaltung erhalten. Karl Friedrich Schinkel und seine Schüler Ludwig Persius und Ferdinand v. Arnim haben hier mit dem Landschaftsgärtner Peter Joseph Lenné und dem Bauherrn Prinz Karl von Preußen auf das glücklichste zusammengewirkt. Das Schloß, 1764 als Landhaus für den Hofrat Mirow errichtet und 1814 in den Besitz des Fürsten Hardenberg übergegangen, wurde 1824 Sommersitz des Prinzen Karl von Preußen. Es erhielt 1826 durch Schinkel seine heutige klassizistische Gestalt. Schinkel öffnete u. a. den Hof der Anlage nach Nordosten zum Land-

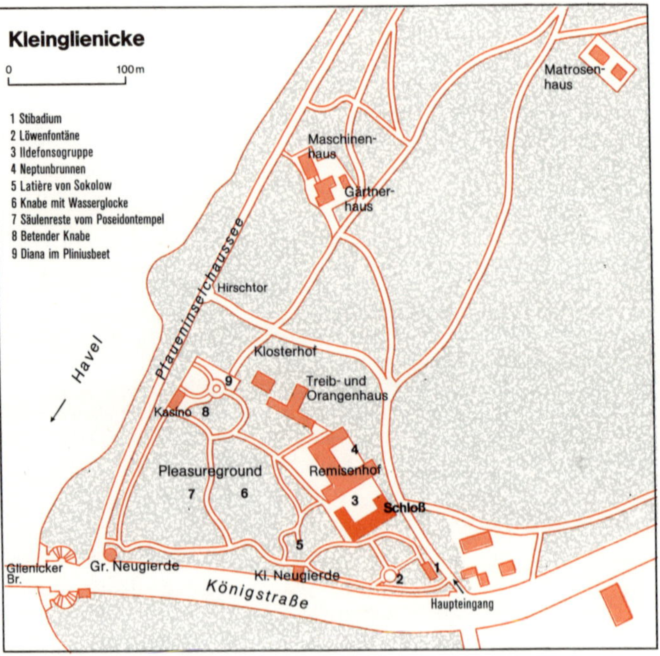

schaftspark hin, fügte 1832 dem *Kavalierflügel* den Turm (1865 um ein Geschoß erhöht) und die *Wagenremise* hinzu und verlieh damit der an sich schlichten Anlage schloßähnlichen Charakter. Der z. Z. noch als Heimvolkshochschule genutzte Bau soll als Museum eingerichtet werden.

Im Hof (Blumengarten) des Schlosses eine Bronzekopie der antiken *Ildefonso-Gruppe* und zahlreiche in die Wände eingelassene antike Fragmente. Vor der Hauptfront die vergoldete *Löwenfontäne* (1838), die Schinkel nach einem Vorbild in der Villa Medici in Rom entwarf. Eine Treppe führt zum *Stibadium*, einer 1840 von Persius nach pompejanischem Vorbild geschaffenen steinernen Rundbank (mit Blick nach Potsdam) mit zeltartigem hölzernen Dach, dessen tragenden Pfosten eine marmorne Frauenfigur von Christian Daniel Rauch (Wiederholung der ‘Felicitas publica’ am Münchener Max-Joseph-Denkmal) bildet. Davor steht heute wieder eine bemerkenswerte Granitschale aus der Werkstatt der Steinschleiferei Cantian. Das von goldenen

Greifen (August Kiß) flankierte *Johannitertor* (1862) ist der Haupteingang.

Der Park zeigt die auf englische Vorbilder zurückgehende Dreigliedrigkeit in *Blumengarten, Pleasureground* und eigentlichen *Park.* Der Pleasureground, durch eine Kette von Gebäuden vom Park abgetrennt, wurde von Lenné schon 1816 für den Staatskanzler Fürst Hardenberg angelegt. Es ist eine von Lennés frühesten Schöpfungen. Sein Wegesystem und die vielfältigen Sichtachsen wurden in den letzten Jahren sorgfältig wiederhergestellt.

Der 1825 von Schinkel umgebaute Teepavillon *Kleine Neugierde* enthält spätantike Fragmente (3.–5. Jh.). Die südwestliche Parkecke schmückt die *Große Neugierde,* ein säulengetragener Rundbau mit Aufsatz, den Schinkel 1835–37 nach dem Vorbild des Lysikrates-Monuments in Athen gestaltete. Das *Kasino,* als italienische Villa klassischen Stils mit doppelter Pergola auf eine nach Westen steil abfallende Terrasse gesetzt, hatte Schinkel 1824 als ersten Bau in Glienicke – noch vor dem Schloß – aus einem alten Billardhaus umgebaut. Nahebei liegt der *Klosterhof,* der 1850 von Ferdinand v. Arnim aus Architekturteilen venezianischer Herkunft gestaltet wurde. In der Apsis der Wandsarkophag des ital. Philosophen Pietro d'Abano († 1316). Die Überleitung zum Schloß bildet das 1981 rekonstruierte *Treib- und Orangenhaus* (1840; Persius) mit gewölbter Eisen-Glas-Konstruktion nach Vorbild des Pariser Jardin des Plantes, wie sie in Deutschland höchst selten ist. Das *Hofgärtner- und Maschinenhaus* (1838; Persius) mit hohem Turm dient den vielfältigen Wasserkünsten der Anlage.

Nördlich und östlich des Pleasuregrounds erstreckt sich der 116 ha große ***Park Kleinglienicke** (seit 1935 zu Unrecht 'Volkspark' genannt), den Lenné auf früheren Weinbergen und Ackerland angelegt hat. Große Wald- und Wiesenflächen durchdringen einander und breiten sich über natürliche Höhen und Senken. Eine geschickte Wegeführung zeigt ständig wechselnde Bilder und schöne Havelblicke. Schluchten mit künstlich – aus kleinen Waldseen – gespeisten Bächen, ein Wasserfall, die *Teufelsbrücke* und von weither geholte Findlinge beleben die Park-Szenerie. Vorbei am *Matrosenhaus* (1840; Persius) oder mehr in

Ufernähe, vorbei am 1828 von Schinkel im englischen Stil erbauten *Jägerhof* – heute von einer Selbsthilfegruppe ehem. Drogenabhängiger genutzt – und am Jägertor (1824; L. Persius), gelangt man zum 1841 von Persius als Försterei erbauten Wirtshaus Moorlake.

Das **Jagdschloß Glienicke** (Plan S. 52/53; A5), südlich der Königstraße, geht auf ein 1682 von Charles Philippe Dieussart für den Gr. Kurfürsten errichtetes Jagdhaus zurück. 1859 von Prinz Karl erworben, erhielt es unter dessen Enkel, Prinz Friedrich Leopold, seine heutige Renaissancegestalt. Der Hauptbau wurde 1964 von Max Taut zu einer internationalen Jugendbegegnungs- und Bildungsstätte umgewandelt und soll künftig die Heimvolkshochschule aufnehmen. – Nahebei steht auf dem ehem. zum Glienicker Park gehörenden Böttcherberg (67 m) die *Loggia Alexandra,* ein Aussichtspavillon von 1869 (E. A. Petzholtz), den Prinz Karl nach seiner Schwester, der Zarin Alexandra Feodorowna, benannte.

Von der Glienicker Brücke führt die alte **Pfaueninselchaussee*, heute Haveluferweg, nordöstlich entlang der Havel zur **Pfaueninsel** (3½ km); Autofahrer müssen den Nikolskoer Weg an der Ostgrenze des Glienicker Parks benutzen. Die Straße folgt dem Ufer des *Jungfernsees,* wie die Havelbucht heißt, mit Blicken auf den Pfingstberg bei Potsdam und auf die Sakrower Heilandskirche (1844; Persius). In einem Bogen umzieht sie dann die *Bucht Moorlake;* das gleichnamige *Gasthaus* wurde 1841 von Ludwig Persius als Forsthaus im Schweizer Stil erbaut. Von dort führen ein Fußweg und eine Fahrstraße hinauf zum Höhenrestaurant Nikolskoe und weiter zur Fähre nach der Pfaueninsel.

Von der Königstraße zweigt am Ostrand des Glienicker Parks der Nikolskoer Weg ab, der nördl. zur Pfaueninsel führt. Er erreicht nach etwa 1 km das Höhenrestaurant ***Nikolskoe,** eine der schönsten Gaststätten Berlins, mit prächtigem Blick auf die Havel. Das Holzhaus im russischen Stil hat Friedrich Wilhelm III. 1819 für seine mit dem Großfürsten (späteren Zaren) Nikolaus vermählte Tochter Charlotte, der späteren Zarin Alexandra Feodorowna (s. oben), bauen lassen und ihm nach dem Schwiegersohn den Namen Nikolskoe, d. i. Nikolaus' Eigen, gegeben. Als Verwalter betrieb hier der russische Leibkutscher eine zwar verbotene, aber beliebte Schankwirtschaft, aus deren Tradition die heutige Gaststätte hervorging. 1984 durch Brandstiftung fast vollständig zerstört, wurde das Haus inzwischen originalgetreu wiederaufgebaut.

Die benachbarte Kirche **St. Peter und Paul** wurde 1834–37 von August Stüler und Albert Dietrich Schadow mit russischer Zwiebelkuppel erbaut. Vom Turm erklingt von 10 bis 18 Uhr stdl. das Glockenspiel "Üb immer Treu und Redlichkeit" und "Lobe den

Herren", eine Tonbandaufnahme des zerstörten Glockenspiels der Potsdamer Garnisonkirche. Die Mosaikbilder (Petrus und Paulus) an der hohen Kanzel sind ein Geschenk von Papst Clemens XIII. an Friedrich d. Gr. In der Krypta ruhen die Prinzen Karl († 1883) und Friedrich Karl († 1885). Südlich der Kirche der stimmungsvolle kleine *Friedhof Nikolskoe* mit den Gräbern preußischer Förster und Hofgärtner. – Straße und Fußweg führen hinab zur Fährstelle (Gaststätte im Marstall von 1830) nach der Pfaueninsel.

6. Pfaueninsel

Die ***Pfaueninsel** (Plan S. 52/53; BC3) ist eine ca. 1,5 km lange und 500 m breite Havelinsel (76 ha), die wegen ihrer malerischen Lage zu den beliebtesten Ausflugsorten Berlins zählt. Die Schönheit ihrer gärtnerischen Anlagen, der alte Baumbestand und zahlreiche historische Bauten machen den Besuch sehr lohnend. Seit 1924 steht die Insel unter Naturschutz (keine Gaststätte). Die auf der Insel freilebenden Pfauen, heute ca. 60 Stück, sind seit 1795 hier heimisch.
Bevor sie ihren klangvollen Namen bekam, diente die Insel als Kaninchenwerder der Hege dieser Tiere. 1685 wurde der 'Pfauwerder' vom Gr. Kurfürsten dem Chemiker Johann Kunckel zur Errichtung eines Laboratoriums, u. a. für die Herstellung des damals sehr geschätzten, tiefroten 'Rubinglases', übereignet. Nach dem Tode des Gr. Kurfürsten fiel Kunckel in Ungnade und sein Laboratorium brannte ab. Im 18. Jh. diente die Insel der Landwirtschaft. Sie erregte dann das Interesse Friedrich Wilhelms II., der sich hier auf Anregung seiner Geliebten, der Gräfin Lichtenau, ein Lustschloß (s. u.) im Ruinenstil errichten ließ, das später beliebter Sommeraufenthalt Friedrich Wilhelms III. und der Königin Luise war. Ab 1822 wurde auf der nunmehr nach den Pfauen benannten Insel durch Lenné und Lichtenstein eine Menagerie angelegt, die 1842 der Grundstock des Berliner Zoos werden sollte. Gleichzeitig fand eine großräumige Landschaftsumgestaltung der Insel statt, die jetzt neben seltenen Pflanzen u. a. das berühmte Palmenhaus (zerstört; vgl. S. 60) erhielt.

Das **Schloß** auf der Südwestspitze der Insel wurde 1794–97 von dem Potsdamer Zimmermeister Johann Gottlieb Brendel in Ruinenform mit zwei Türmen erbaut. Vorbilder fand die Gräfin Lichtenau in französischen und englischen Stichen der Zeit. Die Brücke zwischen den beiden Türmen, bis 1807 aus Holz, ist ein frühes Erzeugnis der Berliner Eisengießerei. Erd- und Obergeschoß haben je vier Räume mit sehenswerter Einrichtung aus den Jahren 1795 bis 1830. Besichtigung s. S. 9.

Erdgeschoß. Im Eingangsraum erinnert eine Statuette an die französische Tragödin Elisa Rachel (1852; Bernhard Afinger), die am 13. Juli 1852 Friedrich Wilhelm IV. und Zar Nikolaus auf der Insel vorgespielt hatte (vgl. Fontane, Havelland). – *Erstes Wohnzimmer,* heute Erinnerungszimmer für die Königin Luise, mit geblümter Tapete aus der Berliner Tapetenfabrik von Christian und Mahagonimöbeln aus Berlin und Potsdam, u. a. von J. E. Eben. Die beiden Ansichten des Mausoleums in Charlottenburg sind von Johann Erdmann Hummel. – Durch einen kleinen Flur gelangt man, vorbei am Schlafkabinett der Gräfin Voß, zum *zweiten Wohnzimmer.* Die Tapete stammt ebenfalls aus der Firma Christian, der Fußboden ist wie in den folgenden Räumen mit Edelhölzern ausgelegt. Die Porzellanschale mit Pfaueninsel-Panorama stammt aus der Berliner Manufaktur; im Schrank die Strohhüte der Prinzessinnen. – Die 29 allegorischen Gipsreliefs des Bildhauers Johann Peter Echtler, die seit 1945 fehlen, sollen demnächst wieder die Wände des *Teezimmers* schücken. Unter den Gemälden: *Anton Graff,* Friedrich Wilhelm II., *Nicolaus Lauer,* Königin Luise; *Friedrich Georg Weitsch,* Friedrich Wilhelm III. und Königin Luise in Charlottenburg. – *Rundes Teezimmer* (Otaheitisches Kabinett): die mit Leinwand bespannten Wände täuschen durch ihre Bemalung eine ostindische Hütte vor. Otaheiti galt zu jener Zeit als paradiesisches Eiland; die Havellandschaften malte Peter Ludwig Lütke um 1795. – Im Treppenhaus eine schöne eichene Wendeltreppe.

Obergeschoß. Der große *Saal,* der die Westfront zwischen den Türmen einnimmt, ist in klassizistischem Stil ausgestaltet. Wände und Fußboden sind aus einheimischen Hölzern gearbeitet, an der Kassettendecke drei allegorische Gemälde des Akademiedirektors Joh. Chr. Frisch (1738–1815): mythologische Szenen aus der Antike nach Guido Reni und Annibale Carracci; schöner Kamin. Das *Runde Turmzimmer* war das Arbeitszimmer Friedrich Wilhelms III., die Kuppeldecke ist von P. L. Burnat gemalt, die 14 Aquarelle mit Ansichten aus dem Vatikan sind von Giovanni Volpato. Im *östl. Wohnzimmer* Wandbespannung aus indischem Zitz (= einfarbiger Baumwollkattun) und besonders schöne Spiegelrahmen von Kambly und Rosenberg aus Potsdam; im kleinen Kabinett das Feldbett Friedrich Wilhelms III. – Im *Ankleidezimmer* eine ähnliche Wandbespannung, ein sehr schöner Spiegelrahmen mit geschnitzten Pfauen und eine Laterne aus böhmischem Glas.

Rundgang auf der Insel (1 Std.): Vom Fährhaus (1) vorbei am *Kastellanshaus* (2) von 1795, der Wohnung des Garteninspektors, zur Inselspitze mit dem 1825 von Karl Friedrich Schinkel entworfenen *Schweizerhaus* (3) und zum Schloß (4). Von hier weiter am Westufer, an der links unterhalb des Hanges liegenden 'Holländischen Küche' (5; nicht zugänglich) zur Stelle des 1880 abgebrannten *Palmenhauses* (6), das Albert Dietrich Schadow 1829–31 im indischen Stil ausgestattet und zu einer vielbestaunten Sehenswürdigkeit gemacht hat (Grundriß durch die vier Postamentsäulen gekennzeichnet). Nahebei der *Jacobsbrunnen* (7), eine verkleinerte Nachbildung der Ruine des Sonnentempels des Aurelian in Rom. – Im Zentrum der Insel liegt das *Kavalierhaus* (8) von 1804, bei dessen Erweiterung Schinkel 1826 die Fassade eines spätgotischen Hauses aus Danzig verwendete. Am Nordende der Insel befindet sich die *Meierei* (10), die gleichzeitig mit dem Schloß 1795 von Brendel in Ruinenform

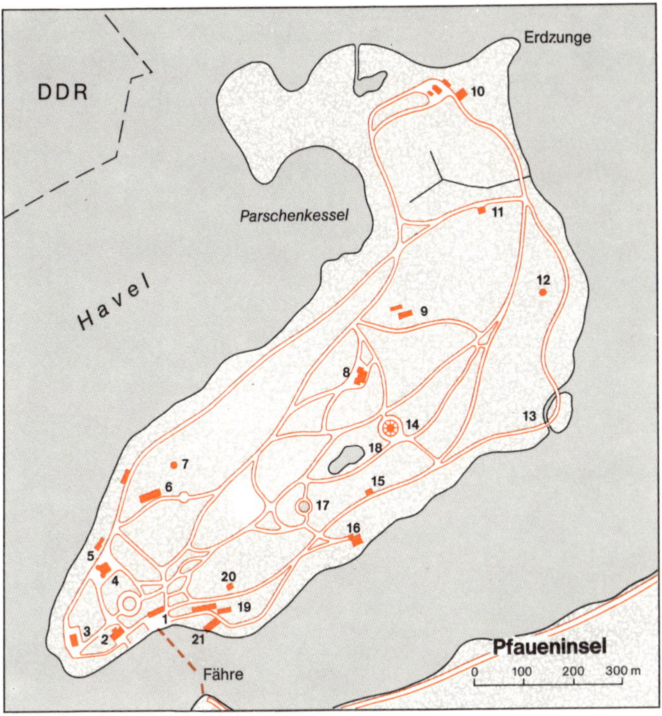

1 Fährhaus
2 Kastellanshaus
3 Schweizerhaus
4 Schloß
5 Küchengebäude
6 ehem. Palmenhaus
7 Jacobsbrunnen
8 Kavalierhaus
9 Liegewiese (Toiletten)
10 Meierei
11 Königin-Luise-Tempel
12 Kunckels ehem. Laboratorium
13 Jagdschirm
14 Vogelhaus
15 Winterhaus für fremde Vögel
16 Maschinenhaus
17 Fontäne
18 Teich mit Wasserfall
19 Gewächshäuser
20 Rutschbahn
21 Fregattenhafen

erbaut wurde. Den got. Saal im Obergeschoß entwarf Philipp Boumann d. J., ließ ihn von Ph. G. Sartori mit Stukkaturen schmücken und vom Berliner Theatermaler Bartolomeo Verona ausmalen; das Parkett ist aus Rüster- und Maulbeerholz, die Tischplatte aus Achat. Der *Kuhstall* von 1802, heute Pferdestall, ist in Kapellenform erbaut. Man folgt nun dem Ostufer, wo an der Wegegabel der *Gedächtnistempel für Königin Luise* (11) mit der ursprünglichen Sandsteinfassade des Charlottenburger Mausoleums und einer Büste der Königin von Christian Daniel Rauch (1829) steht. Südlich gehend kommt man an der Stelle des verschwundenen *Laboratoriums Kunckels* (12) vorbei (Gedenkstein) und zum *Jagdschirm* (13, Borkenhäuschen), der 1796 aus den Beelitzer Bergen hierher versetzt wurde. Nahe der Inselmitte liegen die wieder mit Vögeln reich besetzte *Volière* (14) von 1824 und das ehem. *Winterhaus für fremde Vögel* (15). Am Ufer steht das *Maschinenhaus* (16) von 1824, das die *Fontäne* (17) und den *Teich mit Wasserfall* (18) mit Havelwasser speist. Am Weg zur Fährstelle liegen die *Gewächshäuser* (19) und ein Rest der *Russischen Rutschbahn* (20), die 1819 zur Erinnerung an die Rußlandreise des Königs nach dortigem Vorbild angefertigt wurde. Der *Fregattenhafen* (21) am Ufer wurde 1832 als Winterunterkunft für die Fregatte 'Royal Luise' errichtet, die als Geschenk des englischen Königs zur Pfaueninsel gekommen war.

REGISTER

Friedhöfe, Kirchen, Museen und Rathäuser sind zusammengefaßt.